CÓMO GANAR LA GUERRA CONTRA LA GRASA

CÓMO GANAR LA GUERRA CONTRA LA GRASA

Guía completa para vencer a nuestro peor enemigo en contra de la salud y estética.

La información contenida en este libro es exclusivamente informativa y no pretende sustituir ningún tratamiento médico. Antes de empezar el programa que consiste en dieta y ejercicio, le recomendamos consultarlo con su médico.

CÓMO GANAR LA GUERRA CONTRA LA GRASA
Guía completa para vencer a nuestro peor enemigo en contra de la salud y estética

ISBN: 978-0-578-04314-2

Créditos

Edición: Ing. Enot Castellanos, Ing. Cande Rojas
Fotografías de portadas y ejercicios: Diane Lou S.M
Fotografías de ilustraciones: iStockphoto.com (banco de fotos)
Producción: Lily López en colaboración con Gregory Simmonds
Texto bíblico (Pág. 3) tomado de la Santa Biblia "Nueva Versión Internacional"

Información-ventas: gregorsimmonds@yahoo.com

Printed in Hong Kong

Agradecimientos

Quisiera dedicar este libro al Rey de mi vida, al que me da su amor incondicional, al que me da consuelo cuando lo necesito, al que me da de su precioso amor, día con día, al Rey de Reyes, Jesucristo; gracias Señor por ayudarme a cumplir esta meta que me propuse y espero que sea de bendición para muchas mujeres. También me gustaría darle las gracias a unas personas muy especiales en mi vida: a mi esposo Gregory, por su apoyo incondicional, gracias "gordo" por creer en mí; mil gracias a mis padres y hermanos por su constante apoyo; gracias a mis hijos: July, Lily y Salomón por ser parte de mi vida.

A todas las personas que estuvieron detrás de la realización de este libro: ¡gracias!

ÍNDICE

-Unas palabras de la autora-

Soy simplemente una mujer como tú, con las mismas batallas de todos los días; esposa y madre de tres pequeños.

¿Qué me impulsó a escribir este libro?

Compartir mi experiencia contigo sobre la pérdida de peso exitosa, animarte a que creas que sí es posible ganar la **GUERRA CONTRA LA GRASA**.

Después de mi tercer embarazo, en el cual como madre, me sentía muy agradecida con el Señor por tan hermosa bendición, pero como mujer me encontraba con 25 kilogramos de sobrepeso, lo que puede considerarse normal ya que todas las mujeres somos víctimas de la báscula después de un embarazo, ahora es cuando decidimos perder los kilos o simplemente aceptar nuestra nueva figura y comprar ropa 3 o 6 tallas más grande de la que solíamos usar antes del embarazo. Me propuse la meta de perder el exceso de "kilitos" en un lapso de 6 meses (1 Kg. x semana), empecé a informarme sobre temas relacionados con la disminución de peso corporal a través de un estilo de vida saludable (ojo: "no busqué dietas milagrosas"), ejercicio cardiovascular, entrenamiento con pesas y suplementos naturales seguros que acelerarían el proceso, puse en práctica lo que aprendí, ¿y qué crees? "Lo logré" "Gané la **GUERRA CONTRA LA GRASA".**

Logre perder 25 kilogramos con dieta (1500 calorías) + rutina de ejercicios + L-Carnitina y té verde, esto me llevó a crear un programa seguro y fácil de seguir para tí que estás decidida a bajar de peso por salud y estética.

Probablemente te identifiques conmigo si eres madre y subiste una cantidad considerable de kilos en tus embarazos, o tal vez eres una jovencita que sufre con el sobrepeso desde pequeña, o eres una mujer profesionista que ha dedicado la mayoría del tiempo a su carrera, descuidando su cuerpo al grado de que aumentaste de peso y ahora buscas una solución.

Todas nosotras tenemos algo en común, ***"somos mujeres en busca de una solución real"***, una solución que nos ofrezca resultados, "bueno chica", yo hice el trabajo por tí. Ahora te toca a tí ganar tu propia batalla, usa las armas y tu aliado (rutina de ejercicios y dieta) y experimentarás la victoria.

ANTES
85 Kg.

DESPUÉS
60 Kg.

-Obesidad en México-

Dios nos diseñó para obtener energía a través dc los alimentos que Él mismo creó, como las frutas, vegetales, los granos como el arroz, trigo, maíz y frutos secos como las nueces y almendras. Todo lo creó el Señor para que recibiéramos los nutrientes que nuestro cuerpo necesita.

> ***También les dijo: «Yo les doy de la tierra todas las plantas que producen semilla y todos los árboles que dan fruto con semilla; todo esto les servirá de alimento.»***

Génesis 1:29

Pero el mismo ser humano ha pervertido los productos naturales procesándolos para así obtener un producto con poco o nada de valor nutricional, hemos cambiado los alimentos que promueven la buena salud por la burda comida chatarra, que es solamente comida disfrazada, es decir, por fuera puede mostrarse apetecible pero la gran realidad es que contienen una infinidad de químicos y sustancias nocivas como: grasas dañinas (colesterol, grasas saturadas y grasas trans), edulcorantes procesados (sacarosa y jarabe de maíz alto en fructosa), sodio, colorantes y saborizantes artificiales. El resultado es: "productos procesados que carecen de nutrientes y son potencialmente peligrosos para nuestra salud".

El consumo de "comida chatarra" tiende a crear una especie de adicción a causa de que los carbohidratos simples (harina y azúcares) se digieren rápidamente en el organismo, provocando como "efecto negativo" liberar glucosa de forma rápida y excesiva trayendo como consecuencia que en poco tiempo estemos con hambre de nuevo; otro de sus "efectos negativos" son las grandes cantidades de calorías que aportan, el cuerpo usará la energía necesaria y la demás será convertida en grasa.

A causa de la pésima alimentación hemos convertido nuestros cuerpos en **"máquinas almacena grasas"** aumentando las probabilidades de padecer enfermedades cardiovasculares.

Dato importante: el Instituto Nacional de Salud Pública (INPS) realizó un estudio en lo que concierne a la población afectada por el sobrepeso y la obesidad, "los resultados fueron realmente alarmantes debido a que son 70 millones de mexicanos los que sufren de este terrible padecimiento".

La obesidad es una enfermedad crónica originada por muchas causas y con numerosas complicaciones en la cual las reservas naturales de energía (calorías) almacenadas en el tejido adiposo se incrementa hasta un punto donde es asociado con ciertas condiciones de salud o un aumento de la mortalidad. Es definida por un índice de masa corporal o IMC aumentado (mayor o igual a 30). Este incremento debe tomarse en consideración debido a que el sobrepeso y la obesidad son factores de riesgo importantes para el desarrollo de enfermedades crónicas, como: hipertensión arterial colesterol elevado, diabetes, algunos tipos de cáncer, entre otras.

México entero está pasando por una etapa muy fuerte con lo referente al sobrepeso y obesidad, estas últimas décadas hemos alcanzado proporciones epidémicas. ***De acuerdo a la Encuesta Nacional de Salud y Nutrición 2006 (ENSANUT), ocupamos el el 2° lugar con el más alto índice de obesidad adulta a nivel mundial.*** El 70% de la población en México sufre de cierto grado de sobrepeso u obesidad, esto es algo que debería preocuparnos a todos, especialmente cuando las estadísticas apuntan a que éste problema de tal magnitud en vez de mejorar irá de mal en peor, de modo que si no modificamos nuestros hábitos alimenticios, para el año 2025 el 90% de la población mexicana sufrirá sobrepeso u obesidad. *¡Esto puede ser catastrófico para nuestro país!*

Yo soy mexicana al igual que tú, y me encantan los antojitos tradicionales de nuestro país como los tacos, el pozole, la birria, enchiladas, mole, tamales, chiles en nogada, mmm… la lista es interminable; nuestra gastronomía es realmente rica, pero también lo es en grasas saturadas, que al consumirlas en exceso pueden afectar nuestra salud, causando problemas físicos y perjudicando considerablemente nuestra calidad de vida.

Por otra parte, tenemos la comida rápida que proviene de nuestro país vecino, Estados Unidos, nos han invadido con "alimentos" como hamburguesas, papas fritas, pizza, pollo frito con puré de papa; son una bomba de calorías para el cuerpo humano, una hamburguesa (*Big Mac*) por ejemplo, aporta 600 calorías, más las papas fritas (tamaño mediano) 380 calorías, y por supuesto el refresco de cola mediano = 145 calorías, dando un total de 1125 calorías, *"en una sola comida"*.

Las sucursales de comida rápida están creciendo de forma acelerada, al igual que crece el número de víctimas y los supermercados están repletos de alimentos procesados que contribuyen a esta epidemia.

Nosotras como mujeres somos presa débil, nos deprimimos más fácilmente que el sexo opuesto e inmediatamente tomamos la bolsa de papas fritas o los chocolates, y encendemos el televisor para olvidarnos por un momento del problema o cualquier otra cosa por la que estemos pasando.

A mí me recuerda a un alcohólico, tomando para olvidar su realidad; Hemos convertido la comida en un vicio que tiene que parar... **¡ahora!**

La falta de actividad física agrava esta situación, puesto que, consumimos alimentos con altas dosis de calorías que el cuerpo no puede eliminar debido a que nuestro estilo de vida es sedentario, y el exceso de energía es almacenado en forma de grasa en lugares estratégicos de la figura femenina como la cintura, cadera, espalda y glúteos.

La obesidad se ha convertido en un terrible enemigo para la humanidad, a tal grado que la Organización Mundial de la Salud (OMS) la incluyó entre las enfermedades más graves, y la declaró como la epidemia del Siglo XXI. Espero de todo corazón que la información proporcionada en este libro te sea de utilidad, porque lo escribí pensando en tí. Me duele ver diariamente personas invadidas por la obesidad que no pueden llevar una vida plena a causa de los problemas físicos que esto conlleva.

PRIMERA PARTE

NUESTRO ENEMIGO

Colesterol, grasas saturadas, grasas trans, sodio, azúcar, **¡sí!** tenemos a nuestro enemigo viviendo en las alacenas y refrigeradores; diariamente los consumimos sin pensar en el peligro que representan para nuestra salud.

CAPÍTULO 1

Grasas saturadas

Las grasas saturadas son un enemigo potencialmente peligroso para nuestra salud, pues se encuentra en muchos de los alimentos que diariamente consumimos; por ejemplo, la grasa que proviene de origen animal como la carne de res, cerdo y pollo, la contienen. De la misma manera, los alimentos lácteos nos proporcionan grasas saturadas, un vaso de leche (240 ml) contiene 8.9 gramos de grasa, de la cual 5.6 gramos son saturadas. Los chicharrones y el chorizo están saturados de este tipo de lípidos, y por esta razón, las grasas saturadas resultan ser muy peligrosas para la salud de nuestras arterias, dado a que se encuentra abundantemente en los alimentos de la dieta tradicional mexicana. Algunas personas dicen que la grasa es la que le da el sabor a la comida, debemos de desechar estas ideas absurdas y entender la seriedad de este tema.

Si realmente deseamos ver un cambio en nuestro cuerpo y mejorar nuestra salud, hay que iniciar un proceso de eliminación en nuestra dieta, empezando a prescindir de los alimentos que contengan esta grasa dañina, ser muy selectivas en los alimentos que escogemos para alimentar a nuestro cuerpo, esto es parte del cambio, pero ¿cómo podemos lograrlo? Con equilibrio, es decir, adoptando una dieta sana y balanceada en la que abunden los alimentos de calidad, y reducimiento el consumo de alimentos que aporten este tipo de grasa dañina, haciéndolo de forma cuidadosa y moderada, estando totalmente consientes que el abuso en el consumo de cierto tipo de alimentos puede provocar factores de riesgo para nuestra salud cardiovascular, a causa de que las grasas saturadas aumentan los niveles de las lipoproteínas de baja densidad (LDL) o del llamado colesterol "malo" y esto contribuye a la construcción de placa grasa en las arterias, afectando el flujo de sangre y provocando un alto riesgo de padecer enfermedades relacionadas a nuestro valioso corazón.

Es importante saber cuales son los alimentos que provocan dicho riesgo para así evitarlos, o consumirlos de forma moderada. A continuación una lista de alimentos con un alto contenido de grasas saturadas:

- Manteca vegetal
- Manteca de cerdo
- Manteca de cacao
- Aceite de coco
- Chicharrones
- Tocino
- Chorizo
- Quesos enteros
- Leche entera
- Carnes rojas
- Carne de cerdo

Las arterias son los vasos sanguíneos que transportan la sangre a través de todo el cuerpo.

CAPÍTULO 2

Colesterol

El colesterol es un esterol (lípido) que se encuentra en el torrente sanguíneo y en todas las células de tu cuerpo, su consistencia es suave y serosa. Este lípido es tan esencial para la correcta función del cuerpo humano que tu hígado se encarga de producir el 75% para llevar a cabo funciones vitales del organismo como por ejemplo: formar la vitamina D, energizar las células y mantener sus membranas flexibles y permeables, así como también en la producción de ciertas hormonas, y te preguntarás: ¿por qué si es necesario, causa estragos en la salud de nuestro organismo? Sencillamente, porque como ya lo mencioné, tu hígado produce la cantidad suficiente para sus funciones esenciales, de modo que el colesterol que consumes diariamente puede resultar innecesario, pues tan sólo un 25% es requerido a través de la alimentación.

Las concentraciones más altas de colesterol presente en los alimentos se encuentran en el hígado y la yema de huevo, aunque también está presente en las carnes rojas, aves (especialmente la piel), leche entera y quesos. El consumo de ciertos alimentos altos en colesterol, grasas saturadas, y grasas trans, provocan un elevado contenido de colesterol en el torrente sanguíneo, fomentado la acumulación de depósitos de grasa dentro de las paredes de las arterias, y causando que los canales de las arterias se estrechen e interfieran con el suministro de sangre al corazón; lo que puede ser causa de enfermedades cardiovasculares.

Existen dos tipos de colesterol, el colesterol "malo" (LDL) y el colesterol "bueno" (HDL).

El colesterol "malo" se transporta por medio de la sangre a través de lipoproteínas de baja densidad, al viajar de esta forma tiende a acumularse en las arterias, mientras que el "bueno" viaja a través de la sangre por medio de lipoproteínas de alta densidad, lo que provoca que actúe como un "súper agente de limpieza", es decir, llevándose las acumulaciones de grasa que se encuentran en los vasos sanguíneos hacia el hígado, en donde es desechado.

El colesterol total es una medida importante tanto del colesterol "malo" como del "bueno". Los valores del colesterol total que aparecen a continuación se utilizan por expertos en cardiología para elegir la terapia a seguir dependiendo de cada caso:

- **Colesterol total por debajo de 200 mg/dL (miligramos por decilitros):** es la concentración deseable para la población general, pues por lo regular se relaciona con un bajo riesgo de enfermedad cardiovascular.
- **Colesterol total entre 200 y 239 mg/dL:** existe un riesgo intermedio en la población general, pero es elevado en personas con otros factores de riesgo como la diabetes mellitus.
- **Colesterol total mayor de 240 mg/dL:** puede determinar un alto riesgo cardiovascular y se recomienda iniciar un cambio en el estilo de vida, sobre todo en lo relacionado a la dieta y al ejercicio físico.

Altas dosis de colesterol en los alimentos puede incrementar los niveles del colesterol "malo" (LDL) y por consecuencia aumentar las probabilidades de sufrir un ataque al corazón o embolia. Ambos tipos de colesterol deben mantenerse en niveles adecuados para que el metabolismo de las grasas funcione correctamente. Los médicos recomiendan una ingesta máxima de colesterol de *300 mg/día,* como prevención de enfermedades cardiovasculares y mantener a nuestro valioso "corazoncito" sano.

"El colesterol es un tipo de grasa innecesaria, por lo tanto, entre menos lo consumamos es mejor".

Tabla de colesterol

Alimento	**Cantidad**	**Mg**
Hígado de res	113 g	441
Hígado de pollo	56 g	423
Yema de huevo	1	213
Camarones	113 g	200
Borrego	113 g	111
Carne de res (todos los cortes)	113 g	98-106
Carne de cerdo (todos los cortes)	113 g	58-101
Ternera	113 g	101
Pavo (carne oscura)	85 g	72
Pollo sin piel	113 g	68
Pavo (carne blanca)	85 g	59
Yogurt	Una taza	29
Leche entera	236 ml	35
Quesos	30 g	14-32
Mantequilla	Una cda	31
Queso cottage	½ taza	17
Atún en lata	85 g	14
Yogurt (bajo en grasa)	Una taza	10
Queso cottage descremado	½ taza	9
Leche libre de grasa	250 ml	5
Yogurt descremado	Una taza	4

"Aliméntate Sanamente"

ATTE. Tu corazón

CAPÍTULO 3

Grasas trans

Las grasas trans se encuentran de forma natural en pequeñas cantidades en algunos alimentos como la carne de res, cerdo, cordero, y leche. Aunque la mayoría de los ácidos grasos trans en nuestra dieta provienen de los alimentos hidrogenados, pero, ¿qué son las grasas trans? Los ácidos grasos trans son el resultado de la industria de alimentos que convierten grasas de forma líquida en manteca vegetal y margarina sólida. Este proceso se llama hidrogenación; en pocas palabras, la hidrogenación es un proceso por el cual los aceites vegetales son convertidos en grasas sólidas, mediante la incorporación de ácidos de hidrógeno. Para mí en lo personal, la hidrogenación es la manera más sádica de convertir algo "bueno" como los aceites de origen vegetal, en algo malsano como lo es está grasa procesada, la cual fue creada por la industria de alimentos y ahora forma parte de nuestra alimentación.

Pero, al igual que las grasas saturadas que provienen de origen animal, las grasas trans contribuyen a la obstrucción de las arterias, aumentando los niveles de colesterol "malo" (LDL), pues fomentan la construcción de la placa grasa en las arterias, y por si fuera poco también actúan disminuyendo el colesterol "bueno" (HDL), provocando con esto un mayor riesgo de padecer enfermedades cardiovasculares.

Las grasas hidrogenadas o grasas trans se utilizan en productos como: comida rápida, productos comerciales de pastelería, alimentos procesados y fritos; es un enemigo que nos acecha diariamente, debido a que se encuentran en anaqueles por todas partes en forma de pastelitos, galletas, papas fritas, frituras, etc. pero representan un grave problema para nuestra salud, ya que tan sólo 5 gramos diarios son considerados como dañinos.

En la preparación de los alimentos excluye estas grasas maléficas, mejor opta por opciones saludables como cocinar con aceites de origen vegetal, "tu corazón te lo agradecerá".

Manteca vegetal

Margarina

A causa de la seriedad que amerita, en el año 2006 la Organización Mundial de la Salud (OMS) envió un comunicado a todos los gobiernos del mundo para que eliminaran o redujeran la cantidad de los ácidos grasos trans en los alimentos, esto movilizó a todos los gobiernos y la industria de alimentos, los cuales empezaron a tomar serias medidas para erradicar este compuesto sumamente peligroso para nuestra salud. Sin embargo, las grasas trans aún siguen vigentes, por lo que es recomendable verificar los ingredientes de los productos que la puedan contener, si dice: grasa parcialmente hidrogenada, ***¡evítalo!***

CAPÍTULO 4

Sodio

El sodio es un mineral que se encuentra de forma natural en la mayoría de los alimentos, algunas frutas y verduras lo contienen en pequeñas cantidades. A causa de que el sodio abunda en la mayoría de los alimentos, consumimos más cantidad de la que realmente necesitamos. Los alimentos procesados lo contienen en grandes cantidades, ya que el sodio es usado como saborizante artificial (glutamato monosódico) en productos comerciales; el desmesurado consumo de la comida "chatarra" provoca que nos sobrepasemos en el suministro de este valioso mineral. El sodio es esencial para el adecuado funcionamiento del cuerpo humano, pues cumple funciones importantes; la necesidad básica de cada organismo puede variar de persona a persona: 500 mg - 1500 mg/día y la recomendación por parte de los expertos en nutrición es no exceder la dosis de 2400 mg/día.

¿Cuál es la función del sodio en el cuerpo humano?

Actúa en el interior de las células y participa en la conducción de los impulsos nerviosos, pues interviene en la transmisión del impulso nervioso a los músculos, es decir, facilita su estiramiento y contracción. Regula el reparto de los líquidos en el organismo en colaboración con el potasio, así como también ayuda a mantener el equilibrio con los mismos.

Su carencia es rara, pero si se presentara sería con síntomas como: deshidratación, mareo, baja presión arterial; las causas podrían ser ejercicio intenso, sauna, vómito, diarrea, uso de diuréticos, etc.

¿Por qué es considerado un enemigo de la salud?

La mayoría de los alimentos lo contienen de forma natural y sacian nuestras necesidades básicas, y esta es la razón por la que, sin darnos cuenta, podamos estar ingiriendo más de lo que nuestro cuerpo requiere, pues si a esto le agregamos sodio en forma de sal común (cloruro sódico) o través de los alimentos procesados que lo contienen en grandes cantidades. ¡Ahí está el problema! pues tan sólo ½ cucharadita de sal de mesa aporta 1200 mg y una cucharadita de polvo para hornear nos proporciona 1000 mg. El consumo excesivo de sodio repercute en nuestra salud, elevando las probabilidades de padecer hipertensión arterial y aumentando la posibilidad de sufrir infartos.

El sodio se encuentra en grandes cantidades en productos procesados como: comida rápida, productos de repostería, cereales, alimentos enlatados, consomés, salsa de tomate, cátsup, totopos, papas fritas y carnes frías como salchichas, jamón y tocino.

Por otra parte, retenemos líquidos a causa del exceso del sodio en nuestras dietas, y sobrecargamos el trabajo de nuestros riñones haciéndolos trabajar extra para así eliminar el exceso a través de la orina.

CAPÍTULO 5

El lado amargo del azúcar

Tal vez el título del capítulo te haga preguntarte: ¿cómo el azúcar puede resultar amargo? no tiene sentido, déjame decirte que si lo tiene, pero esto lo conoceremos más adelante, ahora veamos los aspectos básicos del azúcar. El azúcar es indispensable para las funciones del cuerpo, es una fuente importante que nos provee de energía rápida, existen dos categorías de azúcares simples los cuales se clasifican como: monosacáridos y disacáridos.

Los monosacáridos están formados por una sola molécula de azúcar y estos son la fructosa (frutas) glucosa (miel, vegetales de raíz) y galactosa (azúcar de la leche).

Dos monosacáridos combinados forman los disacáridos, estos son la sacarosa (azúcar de mesa), lactosa (azúcar de la leche) y maltosa (azúcar de malta), estos están formados por dos moléculas de azúcar y se conocen como azúcares dobles.

Se les denomina como azúcares simples o de asimilación rápida porque nos suministran energía inmediata; las frutas y la leche la contienen por naturaleza y son totalmente aceptables para su consumo moderado, pero la sacarosa, el azúcar que proviene de la caña, y el jarabe de maíz de alta fructuosa (JMAF) que es extraído del maíz, han sido pasados por un proceso industrial y pueden perjudicar considerablemente nuestra salud cuando son consumidos en exceso.

Originalmente, la sacarosa o azúcar de mesa era usada por las grandes compañías refresqueras, antes de que el jarabe de maíz (JMAF) la desplazara, este producto es mucho más conveniente para los fabricantes de gaseosas, pues es mucho más fácil de combinar y el costo es más bajo, esto lo ha convertido en el edulcorante principal de las bebidas artificiales.

La sacarosa, mejor conocida como azúcar de mesa, es la que usamos en cubos o granulada para endulzar bebidas y en la preparación de postres.

El jarabe de maíz (JMAF) es un edulcorante de consistencia líquida, está compuesto químicamente por dos monosacáridos y estos son: glucosa y fructosa, deriva del almidón o fécula de maíz que después de un proceso químico es convertido en un almíbar, su sabor es más dulce que el azúcar de caña (sacarosa), estas características lo ubican como el producto ideal para endulzar refrescos, jugos, cátsup, bebidas deportivas, pan, golosinas, etc.; la sacarosa es también usada para endulzar productos comerciales como: galletas, mermeladas, bebidas en polvo, cereales, etc.

Debemos entender que tanto la sacarosa (azúcar de mesa) como el jarabe de maíz alto en fructosa son considerados como edulcorantes procesados (fabricados), de modo que no aportan nutrientes, son tan sólo *"calorías vacías"*.

Recuerda: cada gramo de azúcar (sin importar su origen) es igual a 4 calorías ya que corresponde a la categoría de carbohidratos.

Refresco 240 ml = 40 g de azúcar = 160 calorías vacías.
Jugo de manzana 240 ml = 28 g de azúcar = 112 calorías vacías.

¡Ubiquémonos! si realmente deseamos perder peso, el seguir con esta adicción de productos con altos niveles de azúcar ¡no lo vamos a lograr! Tal vez va a ser difícil la transición, pero las ventajas serán increíbles.

- ✓ Tendrás más energía.
- ✓ Te sentirás más motivada.
- ✓ Tendrás menos antojos por alimentos "prohibidos".
- ✓ Tendrás en control los niveles de insulina.
- ✓ Ahorrarás cientos de calorías.

Lo que dá como resultado = pérdida de peso.

¡El cual es nuestro objetivo!

El consumir azúcares simples es como quemar papel, la flama lo consume rápidamente y es necesario más papel, de igual manera, el azúcar es necesario para la flama encendida de nuestro cuerpo. Si comemos algo dulce como un pastelito acompañado de un jugo, en poco tiempo estaremos con hambre de nuevo, los azúcares simples, especialmente los procesados como la sacarosa y el jarabe de maíz (JMAF) suelen ser adictivos, después que consumimos algo azucarado, no se nos antoja algo nutritivo como una manzana, *¡claro que no!* se nos antoja algo dulce y alto en carbohidratos simples como pan dulce o galletas, y al rato estamos con hambre de nuevo. Esta experiencia es un círculo vicioso en el cual estamos atrapadas, un cuento de nunca acabar que desafortunadamente puede terminar en diabetes (el jarabe de maíz alto en fructosa y la sacarosa son citados por nutricionistas como causa de la obesidad, y están relacionados en muchos casos de diabetes).

Los productos endulzados con sacarosa (azúcar de mesa) o jarabe de maíz (JMAF) deben ser consumidos con moderación, debido al peligro que representan para nuestra salud, fomentando la acumulación de grasa dando como resultado al sobrepeso u obesidad con sus consecuencias. Y esto se debe a que el nivel de glucosa (azúcar en la sangre) determina la cantidad de insulina que nuestro páncreas va a producir; la insulina es una hormona que se encarga de ayudar al organismo a usar y almacenar glucosa la cual se produce durante la digestión de los alimentos, un exceso de glucosa en un momento determinado provocara un excedente de insulina, y convertirá parte de esa glucosa en grasa corporal.

¿Qué pasa dentro de nuestro organismo cuando consumimos alimentos o bebidas altas en azúcar?

El consumir cierta cantidad de carbohidratos simples en sus diferentes formas, causa un rápido aumento de glucosa (azúcar en la sangre), que estimula al páncreas para liberar altos niveles de la hormona insulina, un rápido aumento de insulina, causa una rápida absorción de glucosa en la sangre, el resultado: nuestros niveles de azúcar bajan rápidamente lo que significa que la insulina baja en la sangre, manteniéndonos de la misma forma, es decir, nos sentimos cansadas, deprimidas y de nuevo atraídas a buscar más azúcar.

¿A quién no le ha pasado que se siente triste y decaída y se lanza a la alacena en busca de chocolates, y como "por arte de magia" se siente mejor?

Esto se debe a que la absorción de azúcar tiene cierta influencia en el índice de serotonina "la hormona de la felicidad" como lo demostraron algunos estudios recientemente, lo que provoca que sea aun más difícil controlar los antojos, debido a que nos afectan a nivel emocional.

Otro de los “efectos negativos" de los edulcorantes sacarosa y jarabe de maíz (JMAF) es que provocan que el páncreas libere altos niveles de la hormona insulina, y esto da como resultado a que la grasa sea absorbida en las células más rápidamente, en otras palabras estamos ayudando a nuestro organismo a almacenar más grasas.

En el año 1981, El Dr. David J. Jenkins y un grupo de investigadores de la Universidad de Toronto, desarrollaron un concepto con el fin de ayudar a pacientes diabéticos a mantener en control sus niveles de azúcar en la sangre (glucosa), dicho método consiste en medir la influencia de los alimentos en el nivel de glucosa, para ello se creó una escala que va del 0 al 110, se le denomina como “índice glicémico” o “índice glucémico” y puede ser de gran utilidad cuando nuestro objetivo es la disminución de grasa corporal, de modo que al mantener nuestros niveles de azúcar en control, será más fácil para el cuerpo activar la pérdida de grasa.

Índice glicémico alto: el consumo de alimentos con un IG elevado provoca que la glucosa aumente rápidamente y el páncreas segregue (libere) una gran cantidad de insulina, lo que induce a que el organismo almacene en forma de grasa el excedente de glucosa, y después de 2 o 3 horas del consumo estemos con hambre de nuevo. Algunos científicos llaman a la insulina *"la hormona del hambre"*.

Índice glicémico bajo: el consumo de alimentos con un IG bajo hace que la glucosa se libere lentamente, sin subidas bruscas, y el páncreas libera poca insulina reduciendo con ello la cantidad de grasa que se almacena, además nos provee de un periodo de saciedad más largo que el consumo de alimentos con IG alto.

Índice glicémico de algunos alimentos

Bajo	**IG**
Cacahuates	15
Soya	15
Espárragos	15
Peras (fruta fresca)	30
Lentejas	30
Leche descremada	30
Moderado	**IG**
Avena	40
Pan de centeno integral	45
Uvas (fruta fresca)	45
Plátano macho (crudo)	45
Pasta de trigo integral	50
Alto	**IG**
Arroz común	70
Sacarosa (azúcar de mesa)	70
Pan blanco	85
Zanahorias (cocida)	85
Puré de papas instantáneo	90

SEGUNDA PARTE

ENTENDIENDO LO BÁSICO

El cuerpo humano fue diseñado para que recibiera el sustento vital a través de los alimentos, los cuales nos proporcionan energía (calorías) y vitalidad.

CAPÍTULO 6

Nutrientes básicos y demás

La mayoría de las personas no conoce los alimentos más allá de su sabor, saben lo que les gusta y eso es todo. La comida no sólo nos brinda sabor y saciedad, *¡es la energía con la que nos movemos!* Los alimentos que consumimos afectan a cada célula de nuestro cuerpo, y la forma en cómo nos sentimos todos los días. El resultado de una dieta abundante en carbohidratos simples, grasas saturadas y bebidas altas en azúcar pueden ser causa de dolores de cabeza, fatiga, irritabilidad y problemas digestivos, y que a la larga pueden contribuir al padecimiento de enfermedades crónicas, como: colesterol alto, hipertensión arterial, diabetes, cáncer, etc. ¿Has escuchado el dicho que dice?: *"somos lo que comemos"*, estas palabras son muy ciertas, de modo que la manera en que nos alimentamos es reflejada en nuestra salud y apariencia física.

Los alimentos forman parte importante en la vida de los seres humanos, pues son los que se encargan de suministrar la energía necesaria para cada célula del organismo, y aportan los materiales de construcción necesarios para el adecuado funcionamiento y mantenimiento de una valiosa y delicada máquina, la cual es tu cuerpo, y es el único que tendrás el resto de tu vida. La forma compulsiva de comer los alimentos equivocados puede ser causa de muchos problemas tanto físicos como emocionales.

Los nutrientes más importantes vienen a nosotros a través de los alimentos: proteínas, carbohidratos, grasas, vitaminas, minerales y agua. Cada uno es esencial y cada uno interactúa con los demás, cuando uno de estos nutrientes entra en el sistema digestivo, enzimas y otras sustancias ayudan a transformar las proteínas en aminoácidos, los carbohidratos en glucosa y las grasas en ácidos grasos. De esta forma, los nutrientes más importantes son absorbidos por el torrente sanguíneo. Las grasas se van a las células al igual que las vitaminas liposolubles; los otros nutrientes se dirigen al hígado y ahí es donde su composición química cambia, preparándolos para ponerlos a trabajar en el metabolismo de las células.

En todas estas etapas, las enzimas actúan como catalizadores que empiezan o aceleran las reacciones químicas dentro del cuerpo. Las vitaminas y minerales tienen que estar presentes para que las enzimas realicen su trabajo apropiadamente.

Proteínas: las proteínas son componentes orgánicos constituidos esencialmente por aminoácidos unidos entre sí por enlaces peptídicos. Su función principal consiste en construir, reparar y mantener las células de cada parte de los tejidos, de la misma manera que suple de energía cuando las reservas de carbohidratos han sido agotadas, tal agotamiento no es deseable, puesto que, si tenemos que hacer uso de proteína para cubrir las necesidades de energía, este vital proceso sufrirá pues perdemos músculo.

La proteína no puede almacenarse, y la necesitamos las 24 horas del día, para construir, reparar, y mantener piel, huesos, músculos y órganos. La proteína es necesaria para estimular la producción de enzimas, hormonas e incluso los anticuerpos que nos defienden de las infecciones. Está hecha de pequeños bloques de construcción llamados aminoácidos. Existen 20 aminoácidos que el cuerpo usa para construir diferentes proteínas, 12 de ellos son fabricados por el cuerpo, los otros 8 tienen que ser obtenidos a través de los alimentos, éstos son conocidos como aminoácidos esenciales y son la valina, leucina, isoleucina, lisina, treonina, metionina, fenilalanina y triptófano.

La proteína animal como pescado, huevos, lácteos, pechuga de pollo y algunos vegetales como la soya y la quínoa, nos proveen de proteínas completas con los 8 aminoácidos esenciales que el cuerpo no puede fabricar.

Los alimentos que provienen de plantas como el arroz, frijoles, lentejas, avena, germen de trigo y nueces, contienen proteínas, pero no los 8 aminoácidos esenciales. Estos alimentos son proteínas incompletas por sí solas, pero cuando se combinan apropiadamente, forman proteínas completas.

La combinación de frijoles con arroz nos proporciona los aminoácidos faltantes, metionina y lisina.

Pastas, arroz, pan, maíz = aminoácido esencial metionina

Frijoles, lentejas, chícharos, garbanzos = aminoácido esencial lisina

Ejemplos de proteínas completas de origen vegetal

Frijoles + arroz = proteína completa

Pan + frijoles = proteína completa

Maíz + garbanzos = proteína completa

Carbohidratos: los carbohidratos son la principal fuente energía para nuestro cuerpo, son rápidamente digeridos y convertidos en glucosa, la cual es una forma de azúcar que se encuentra presente en el torrente sanguíneo. La glucosa nos provee de energía para el cerebro, el sistema nervioso y los músculos. Una cantidad limitada de glucosa es reservada en los músculos y en el hígado, tal reserva de energía es conocida como glucógeno, pero cualquier exceso de glucosa es almacenada en forma de grasa.

Los hidratos de carbono se dividen en tres tipos: azúcares, almidones y fibras, vienen en dos formas: simples y complejos; los carbohidratos simples son rápidamente convertidos en glucosa y absorbidos por la sangre, esto nos da una energía inmediata que va seguido de una baja de energía.

Ejemplos: azúcar de mesa (sacarosa), harinas refinadas, arroz blanco, pasteles, helado, pan blanco, golosinas, etc.

Mucho mejor son los carbohidratos complejos hechos de almidón y fibras, éstos se convierten en glucosa de forma más lenta, lo cual significa que nos suplen de energía por un periodo más largo que los carbohidratos simples.

Ejemplos: avena tradicional, pan integral, tortillas de maíz y trigo, arroz integral, pasta integral, papas, camote, frijoles, lentejas, etc.

Los carbohidratos complejos son un tesoro lleno de vitaminas y minerales, al igual que las fibras que ayudan a mantener nuestro sistema digestivo limpio y saludable.

Grasas: las grasas son la segunda más importante fuente de energía, después de los carbohidratos. Nos proporcionan 9 calorías por gramo sin importar su naturaleza u origen. Las grasas también conocidas como lípidos, lubrican las células, protegen la piel y los tejidos de la resequedad y asisten al cuerpo en la absorción de las vitaminas liposolubles (A, D, E y K).

Existen 2 tipos de grasas: grasas saturadas e insaturadas. La consistencia de las grasas saturadas es sólida en temperatura ambiente y derivan principalmente de origen animal, mantequilla y manteca de cerdo son ejemplos de grasas saturadas. Las grasas insaturadas se dividen en dos tipos: poliinsaturadas (omega 3 y 6) y monoinsaturadas (omega-9), provienen de origen vegetal y son usualmente en forma líquida en temperatura ambiente, tenemos ejemplos como: aceite de canola, maíz, linaza, olivo, entre otras;

las cuales son las más recomendables para la buena salud gracias a su contenido de "grasas buenas".

Vitaminas: las vitaminas son sustancias orgánicas que el cuerpo requiere en pequeñas cantidades para el mantenimiento de la buena salud; asisten a las proteínas, grasas y carbohidratos en satisfacer sus diferentes funciones en el cuerpo. Las vitaminas por sí solas no proporcionan calorías, actúan como componentes de enzimas y ayudan a metabolizar otros nutrientes en energía; las grasas y carbohidratos de igual forma ayudan a convertir proteínas en bloques de construcción. Las vitaminas participan en todas las reacciones bioquímicas dentro de nuestro cuerpo, asisten en la formación del sistema nervioso y la química del cerebro. Algunas son conocidas por la influencia en nuestro estado de ánimo.

Existen dos tipos de vitaminas y éstas se clasifican como hidrosolubles (solubles en agua) y liposolubles (solubles en grasa). Las vitaminas solubles en agua no pueden almacenarse en el organismo y debemos reponerlas diariamente consumiendo los alimentos que las proporcionen, éstas son vitamina C y complejo B. Las vitaminas solubles en grasas son almacenadas en el hígado y en los tejidos adiposos del cuerpo, éstas son vitamina A, D, E y K. Consumirlas en grandes dosis puede provocar que se construyan a niveles tóxicos, pero esto sucede raramente.

Minerales: los minerales son sustancias inorgánicas, esenciales para el sustento de la vida y vitales para nuestro estado físico y mental, se encuentran presentes en todo nuestro cuerpo, en los tejidos, fluidos, sangre, huesos, dientes y piel. Los minerales al igual que las vitaminas deben estar presentes en nuestra nutrición para el adecuado funcionamiento del organismo, pues contribuyen en el mantenimiento de nuestra salud y bienestar en general, trabajan en conjunto con las vitaminas para asistir el metabolismo de los alimentos. Los minerales juegan un importante rol en algunas funciones vitales de nuestro cuerpo, puesto que participan trasmitiendo mensajes al nervio, contrayendo y relajando los músculos, produciendo hormonas, regulando y manteniendo el balance con los fluidos, demasiado sodio causará retención de líquidos.

Las sales minerales que se encuentran presentes en elevadas cantidades en nuestro organismo son: calcio, magnesio, potasio, fósforo, sodio, cloro y azufre.

Los oligoelementos presentes en menos cantidades pero igualmente esenciales son: hierro, zinc, selenio, vanadio, yodo, manganeso, cromo, flúor, cobalto, selenio, molibdeno y cobre.

Las sales minerales y oligoelementos son raramente faltantes en nuestra dieta con la seriamente excepción de hierro, calcio y zinc, las mujeres por ejemplo, obtenemos muy poco calcio en nuestras dietas, tal deficiencia puede resultar en huesos débiles y osteoporosis años después, y la falta de hierro puede causar anemia.

Agua: el agua es un nutriente esencial y es el solvente en el cual todas las reacciones del organismo tienen lugar; el cuerpo puede abstenerse de alimento por mucho más tiempo que del preciado líquido. El vital líquido es igualmente importante que el oxigeno que respiramos, y su consumo es primordial en la existencia de los seres humanos, sin agua, "no viviéramos".

Nuestro organismo está constituido de 60% de agua de la cual dos terceras partes se encuentran en el interior de las células, y es de vital importancia mantenernos hidratadas. La recomendación diaria es de 8 vasos (2 litros), norma que debemos seguir al pie de la letra, pues el tomar suficiente agua es sumamente importante, sobre todo cuando nos encontramos en el proceso de disminución de peso corporal; eliminamos toxinas juntamente con la grasa a través de la orina, y beber la cantidad necesaria del liquido tranparente mantendrá nuestros riñones en buen estado.

El agua no aporta calorías

Una de las reglas que debemos seguir cuando nuestro objetivo es perder grasa, es la de tomar 2 litros de agua pura, todos los días.

CAPÍTULO 7

El efecto de las calorías en el cuerpo

La palabra calorías suena en todas partes, se ha vuelto muy popular a causa de la obsesión por perder peso y las calorías juegan un importantísimo papel en la difícil, pero gratificante tarea; difícil, por lo complicado que pensamos puede resultar bajar de peso; gratificante, porque el perder peso siempre se verá reflejado en una mejoría en la salud, actitud, y apariencia. Pero, ***¿Qué son las calorías?*** Las calorías o kilocalorías son unidades de energía que provienen de los alimentos, todos los alimentos contienen calorías, con excepción del agua y algunas bebidas de dieta. El ser humano necesita energía para poder sobrevivir, y los alimentos son como el combustible que contiene la energía que necesitamos para nuestras funciones vitales, y ésta energía la obtenemos de los macronutrientes.

Macronutrientes: son los nutrientes requeridos por el organismo humano en grandes cantidades, y que además proveen la energía (calorías) necesaria para las diversas reacciones metabólicas de nuestro cuerpo.

- **Carbohidratos:** 4 kilocalorías × gramo
- **Proteínas:** 4 kilocalorías × gramo
- **Grasas:** 9 kilocalorías × gramo

Dios diseñó el cuerpo humano para que recibiera energía a través de los alimentos, en cada movimiento es necesario el uso de calorías; simplemente el respirar, los latidos de tu corazón, el parpadeo de los ojos, se requiere el uso de calorías y esto se conoce como metabolismo basal.

Metabolismo basal: el metabolismo basal es la energía mínima que tu cuerpo necesita para estar vivo y supone la mayor parte del gasto, pues el 70% de las calorías que ingerimos están destinadas a mantener estas funciones básicas. Un 10% se ocupa en la termogénesis de los alimentos, que es la absorción, digestión, y utilización de los mismos; sólo un 20% de la energía aportada por la comida se quema en actividades diarias como caminar.

Una mujer adulta necesita de cierta cantidad de calorías para su metabolismo basal, esto depende de su peso.

Tu puedes calcular tu tasa metabólica basal aproximada mediante esta simple fórmula: tu peso en kilogramos multiplicado por 24/ kcal.

Ejemplo: si multiplicas tu peso de, digamos, 79 Kg. x 24/kcal. Resulta una velocidad metabólica de 1860. Esto significa que quemas naturalmente alrededor de 1860 calorías por día sin estar activa. Este es el número de calorías que tu organismo requiere para funciones vitales como: respirar, moverse, platicar y dormir.

Nota importante: este cálculo es solamente una guía, y no es aplicable a personas muy atléticas, con una elevada proporción de músculo.

¿Por qué engordamos? Como lo vimos anteriormente, el metabolismo basal es como el "motor" que rige el uso de calorías para las funciones básicas de nuestro cuerpo, por lo tanto, cuando nos excedemos con los alimentos y consumimos más calorías de las que nuestro cuerpo requiere, el organismo se encargará de usar la energía necesaria y la restante la almacenará en forma de grasa en diferentes puntos estratégicos de nuestra anatomía femenina, como la espalda, cintura, cadera y glúteos.

¿Qué significan todas las reservas de grasa acumuladas alrededor de nuestros cuerpos, coloquialmente llamadas como: *"lonjitas"* o *"gorditos"*? Significa que hemos sobrealimentado nuestro cuerpo, excediéndonos en el consumo energético a través de la comida.

¿Cuál es la solución? Crear un déficit calórico, de modo que al reducir el consumo de calorías, el organismo empiece a hacer uso de las reservas de energía (grasa acumulada), puesto que, funciona de la otra forma, es decir, si consumimos menos calorías de las que nuestro metabolismo basal necesita, vamos a adelgazar, es la ley natural del cuerpo humano, *¡así de sencillo!* "es sólo cuestión de matemáticas".

Por ejemplo, si necesitamos consumir 2000 calorías diarias para mantener el gasto calórico de nuestro metabolismo basal y hacemos un recorte de 500 calorías por día en un lapso de 6 días, y a esto le agregamos el ejercicio aeróbico en el cual eliminamos 400 calorías aprox. nos da un total de 5400 calorías (600 gramos) eliminadas por cada semana, lo que equivale a un poco más de medio kilogramo de grasa corporal.

1500 calorías

+

Ejercicio aeróbico

= ***Eliminar reservas de grasa***

El tejido adiposo (la grasa almacenada) consiste en 87% de grasa, esto significa que un kilogramo de grasa corporal contiene 870 gramos de grasa pura, si tomamos en cuenta que un gramo de grasa equivale a 9 calorías y multiplicamos 9 por los 870 gramos de grasa, equivale en términos energéticos a 7830 calorías, así que para eliminar un kilo de grasa corporal debemos "quemar" 7830 calorías adicionales vía dieta y ejercicio.

-Ejemplo-

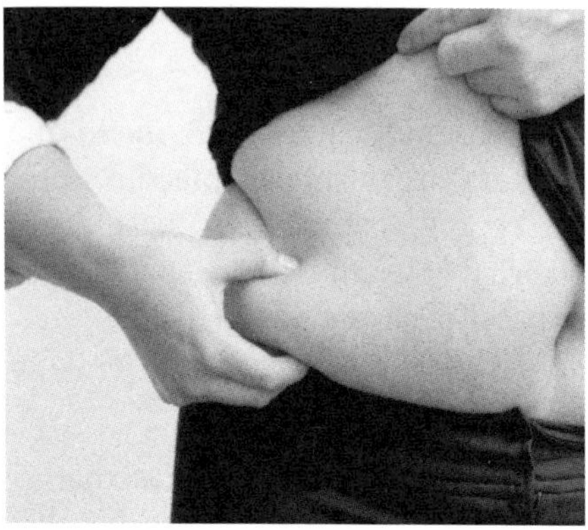

Mujer con ligero sobrepeso de 5 Kg. equivale a 39,150 calorías de reserva en forma de grasa corporal.

Le llevará un mes eliminar las calorías reservadas en forma de grasa con un buen plan de dieta y ejercicio reduciendo 1 kilogramo por semana.

Tal vez suena lento y tú quisieras bajar de peso más rápidamente, pero por experiencia te puedo compartir que no existe la pérdida de peso "relámpago", ésta sólo te lleva a la frustración. La disminución de peso corporal segura, ocurre a su ritmo normal, poco a poco la grasa va desapareciendo y se va mostrando una figura esculpida. Un artista (escultor) toma su tiempo en su creación, todos los días trabaja, al principio parece que no pasa nada; pero sorprendentes cosas están pasando detrás de la escultura, le ésta dando la forma que poco a poco, tras los golpes con el cincel, se va transformando en una hermosa obra de arte "tu cuerpo es tu obra de arte". Al igual que el artista trabaja con empeño y dedicación en su obra, tu tienes que dedicarle tiempo y esfuerzo a la tuya (tu cuerpo) y te sorprenderás con los resultados.

CAPÍTULO 8

¿Cuál es tu forma?

Manzana, pera o plátano, ¿cuál eres tú? No me refiero a cual te gusta más sino a la forma de tu silueta, la forma del cuerpo femenino es muy variable; observa a tú alrededor cuando camines por lugares transitados, y te darás cuenta de que cada mujer posee uno de estos tipos de figura que se asemeja a una de estas 3 frutas: manzana, pera y plátano. Es importante estar consientes de la forma de nuestro cuerpo, a fin de que esto nos ayude a identificar en cuales áreas tendemos a almacenar más grasa, y atacarla con las "armas súper potentes" que son el ejercicio aeróbico y el de fuerza (pesas), por ejemplo, la mujer que posee la silueta en forma de manzana, tiende a almacenar más grasa en la cintura, darle énfasis al ejercicio aeróbico (sin olvidar las pesas), será de gran ayuda.

Esta clasificación fue propuesta por el psicólogo estadounidense William Sheldon (1898-1977).

Mesomorfo o manzana: el peso se centra en la mitad del cuerpo: cintura y estómago.

Endomorfo o pera: de cintura pequeña, trasero y muslos grandes.

Ectomorfo o plátano: plana de arriba y abajo, senos pequeños, brazos y piernas largos.

MESOMORFO

ENDOMORFO

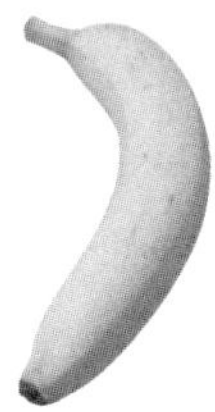

ECTOMORFO

La forma del cuerpo es herencia genética, esto quiere decir que la forma que tenemos es porque la hemos heredado de nuestros padres, así como tenemos ciertos rasgos similares a ellos, la forma del cuerpo también lo es.

No podemos alterar la forma básica de nuestro cuerpo, pero sí es posible reafirmar las áreas flácidas y reducir centímetros en donde se encuentra grasa almacenada, como para la figura pera (endomorfo) sus áreas problemáticas son el mayor acumulamiento de grasa en cadera y glúteos, es posible que con el programa el cual consiste en dieta, ejercicio aeróbico y entrenamiento con pesas; pierda centímetros y reafirme su cuerpo, dándole una forma escultural. Para la manzana (mesomorfo), que almacena grasa alrededor de la cintura, al igual que la pera, puede disminuir medidas notablemente con empeño y dedicación. Finalmente el plátano (ectomorfo), este tipo de cuerpo es genéticamente el más "suertudo" pues cuenta con un súper metabolismo ya que es difícil para ellas ganar peso; darle énfasis al entrenamiento con pesas le ayudará a construir músculo, dándole más curvas a su figura al mismo tiempo que reafirma las áreas flácidas.

Tu cuerpo es el "vehículo", por así decirlo, en el cual recorrerás el resto de tu vida. Así es que, empecemos con una actitud positiva aceptando la forma de nuestro cuerpo.

-LOS 3 TIPOS DE CUERPOS-

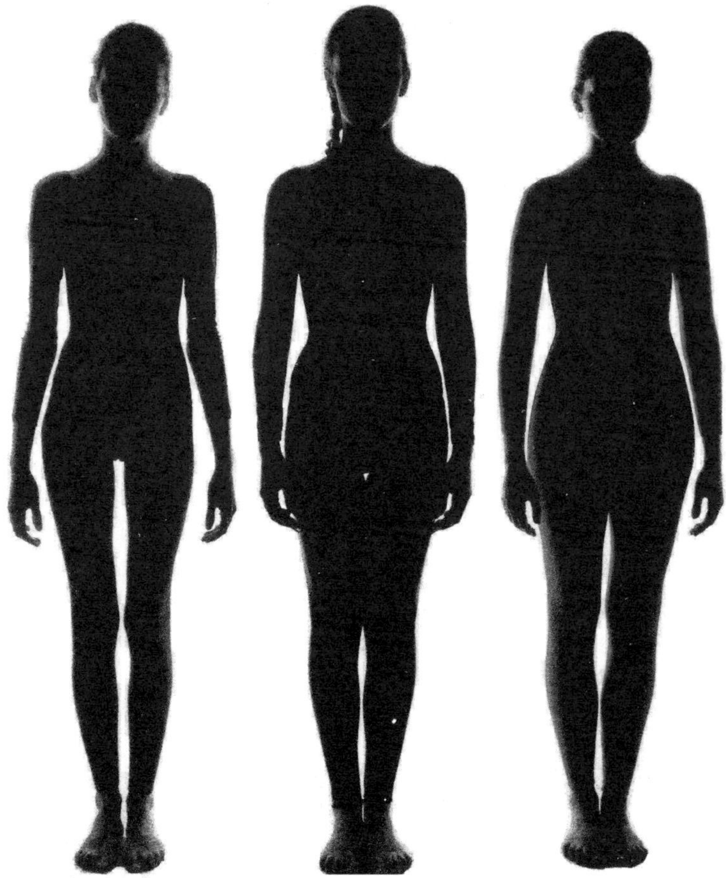

Ectomorfo ***(Banana)*** — **Endomorfo** ***(Pera)*** — **Mesomorfo** ***(Manzana)***

¿Cuál es tu peso ideal?

El peso ideal de cada mujer es muy personal, cada mujer tiene diferente constitución física que define su forma de cuerpo, algunas mujeres tienen más músculo que otras, pero se ven muy bien, aunque la báscula trate de desanimarlas. El peso deseado de cada mujer puede variar muchísimo, a algunas mujeres les gusta lucir las curvas que tanto nos definen a las latinas, otras por el contrario optan por lucir una figura estética y delgada que se asemeja a una modelo de pasarela. Lo cierto también es que el peso ideal puede variar mucho con la edad, pues una mujer adulta que pesaba 50 kilos en su juventud, ahora no lucirá tan bien con este peso, pero esta decisión es totalmente de ella, cada mujer posee el derecho de decidir sobre su peso ideal.

Ana y Roberta miden 1.68 metros de altura, el peso ideal de Ana es de 68 kilogramos, ella se siente de maravilla con ese peso; Roberta pesa 59 kilogramos, éste es el peso ideal de ella. Desde un punto de vista medico, Ana se encuentra por arriba del peso recomendado, mientras que Roberta está por debajo del peso acorde con su estatura, pero ellas se sienten bien y es totalmente aceptable, mientras que Ana no aumente de peso cayendo en un nivel de obesidad y Roberta no baje de peso debilitando su salud a niveles anoréxicos; pero como lo mencioné, el peso ideal de cada mujer es muy personal y solamente tú decides cuántos kilos quieres pesar.

Anabela
peso ideal:
68 Kg.

Roberta
peso ideal:
59 Kg.

TERCERA PARTE

"Súper quema grasa"

"La súper dieta"

MÉTODOS PARA ADELGAZAR Y MÁS PATRAÑAS

No existe tal cosa que solucionará el problema de sobrepeso u obesidad; a continuación desenmascaramos los engaños de la industria.

CAPÍTULO 9

"Dietas y más dietas"

¿A qué te suena la palabra dieta? Sacrificio, matarme de hambre, todo sea por la belleza, la verdad es que hacer dieta es un verdadero tormento, lo fue para mí cuando hacía hasta lo imposible para lograr bajar de peso. Si buscamos en Internet la palabra *dietas* van a aparecer una infinidad: la de la sopa de repollo, la de la piña, la del atún, las que sólo puedes comer frutas, la dieta de la avena; te prometen una rápida pérdida de peso, puesto que la reducción calórica es muy baja: 600 -1000 calorías. Las cuales son muy aceptables si lo que queremos es bajar 2 o 3 kilos de forma rápida porque tenemos un evento especial en el cual deseamos lucir muy bien, el problema es que el peso que eliminaste fue, en mayoría, proveniente de agua retenida, por lo que al cabo de los días volverás a recuperar los kilos perdidos, no quiero sonar pesimista, solo trato de ser realista y que tu entiendas que no existe *"La Súper Dieta"* en la cual bajas todo tu sobrepeso en cuestión de días, *¡es imposible!*

Si buscamos en una librería programas para adelgazar, vamos a encontrar libros de autores americanos, es decir, dietas para el público estadounidense con alimentos con los que no somos familiares. Dietas como la del Dr. Atkins en la cual se reduce la ingesta de carbohidratos a tan sólo 20 gramos por día, y la dieta South Beach que de igual manera restringe los carbohidratos (de una manera menos estricta). ***"Súper Dietas"*** que prometen una acelerada reducción de peso, pero se olvidan que no es saludable privar al cuerpo de su fuente principal de energía (carbohidratos); nos afecta a nivel físico y emocional, de modo que nos sentimos cansadas e irritadas, y esto se debe a que el cerebro necesita de una cantidad de glucosa para sus diferentes funciones y ésta sólo se obtiene a través de los hidratos de carbono.

Estos médicos afirman que privar el cuerpo de carbohidratos, causa que el metabolismo use la grasa almacenada como fuente de energía, puede que lo haga al principio, pero este método deja de ser efectivo cuando el cuerpo empieza a "quemar" músculo como fuente de energía. Si no le proveemos a nuestro organismo su fuente principal de energía (carbohidratos) para sus funciones vitales como el metabolismo basal, este proceso se verá afectado, pues empezará a usar las proteínas que consumimos a través de la dieta como fuente de energía, y el rol principal de la proteína es afectado de igual manera, debido a que la necesitamos las 24 horas del día para mantener las células de cada parte de los tejidos, así que empezaremos a perder peso en músculo no en grasa; el metabolismo empezará a decaer volviéndose lento y parando la disminución de grasa corporal, que es lo que conocemos como estancamiento.

No me malinterpreten, no estoy criticando a estos grandes médicos que crearon un programa único y han ayudado a miles de personas que sufren de sobrepeso u obesidad, mis respetos para ellos; a lo que me refiero es que no estoy de acuerdo en la restricción de una fuente tan importante que nos provee de energía (carbohidratos), *¡no funciona a largo plazo!*

Carbohidratos Complejos

(Pan integral y avena)

Nos mantenemos en una dieta de moda por un periodo de tiempo y naturalmente perdemos peso, pero la gran pregunta es: ¿de que, grasa, agua o músculo? "Las dietas milagrosas" que prometen una acelerada pérdida de peso sacrifican el músculo y retienen la odiosa grasa. Seguimos el régimen dietético por un par de semanas, y al regresar a nuestra alimentación habitual ganamos el peso que perdimos dando esto como resultado al famoso efecto ***"yo - yo"***, "el sube y baja" que nos hace sentir cansadas de seguir adelante en la lucha contra la grasa. Los regímenes dietéticos que prometen una acelerada pérdida de peso, no son confiables, ya que no es saludable perder una gran cantidad de peso en un corto lapso de tiempo. Perder peso es un proceso que debemos tomar con mucha paciencia; cuando empieces a fijarte metas realistas, serás menos propensa a sentirte frustrada, además, se ha constatado cientos de veces que la pérdida de peso "relámpago" causa que recuperemos los kilos que perdimos en un periodo de tiempo, ¿de qué sirvió el sacrificio? Y valla que lo fue, debido a que estas dietas son un tormento, ya que tienen que sobresalir de entre las "miles" que existen, entonces los creadores tienen que ponerse muy creativos y ofrecer un nuevo programa que se distinga de los otros, con ideas que no tienen equilibrio, como: "hoy sólo puedes comer vegetales verdes y mañana tu delicioso menú consistirá en licuados de avena". La obsesión por perder peso en las féminas, ha causado un *"boom"* en la aparición de este tipo de programas que ofrecen resultados ilusorios, pues no ofrecen metas realistas, pero la realidad es: ***¡no existe "La Súper Dieta" en la que puedes perder 10 kilogramos de grasa corporal en tan sólo un mes!***

¡No hay de otra! alimentación sana y equilibrada, creando un déficit calórico para así forzar al cuerpo a eliminar reservas de grasa. "Manteniéndote con un excelente estado de ánimo".

"No existe la Súper Dieta"

CAPÍTULO 10

"Productos milagrosos"

"Pierde 15 kilos en un mes *con* ***"Súper Quema Grasa"*** *derrite la grasa rápido, sin ningún esfuerzo, come todo lo que quieras y sigue bajando de peso"*. Suena bastante tentador, ¿no lo crees? Sin ningún esfuerzo, come todo lo que quieras y baja de peso, *"pero la realidad es que es la mentira mejor vendida en la industria de productos para adelgazar"*, al comprar tales productos estás enriqueciendo aún más a deshonestos fabricantes. Pero, ¿qué hay detrás de estos "productos mágicos"? Bueno, usan mercadotecnia llamativa y exagerada, lo cual provoca atraer nuestras mentes; diariamente nos bombardean a través de la televisión, radio, revistas, Internet, etc. y nuestro deseo de perder peso es tan grande que a veces deseamos creer que lo que dicen es cierto; en pocas palabras, terminamos creyendo las mentiras.

“Analicemos algunos productos que nos prometen la esbeltez, claro, a cambio de nuestro dinero”.

Pastillas “Quema Grasa”: hechas a base de un conjunto de fármacos o una mezcla de hierbas altas en contenido de cafeína, por lo cual actúan como diurético, sobre todo cuando es usada en grandes cantidades. Pierdes peso en agua, no en grasa, como lo afirma el fabricante. Es bien sabido que la cafeína aumenta la termogénesis (“quema de calorías”) pero en el caso de estos productos es que usan grandes cantidades, siendo esto contraproducente, es decir, en vez de ayudarnos podrían perjudicar nuestra salud.

Efectos secundarios: su uso prolongado puede causar arritmia (latidos inconstantes) taquicardia (incremento del ritmo cardiaco), nerviosismo, ansiedad, entre otros.

Jabones adelgazantes: el fabricante te promete que perderás centímetros a través del “jaboncito”, la capa interna de la grasa acumulada es demasiado profunda como para que a través de un masaje con el “jabón mágico” pierdas grasa.

Efectos secundarios: ninguno.

Cremas adelgazantes: te prometen que perderás centímetros a través del uso de la crema, mediante un masaje circular, pero recuerda: la disminución de grasa corporal es un proceso interno de tu metabolismo, lo único que la crema puede lograr es suavizar tu piel, y el costo es 3 o 4 veces más que una crema convencional.

Efectos secundarios: ninguno

Parches adelgazantes: los parches, en especial los adelgazantes, tienen como componente principal las algas marinas (*fucus vesiculosus*) entre otras sustancias; prometen inhibir el apetito y acelerar el metabolismo a causa de la presencia de yodo (componente esencial de la glándula tiroides). Propiedades de las que ha abusado la industria, promoviendo el producto de forma exagerada, pues podemos obtener la dosis correcta de yodo en un multivitamínico sin excedernos en la dosis (La Administración de Alimentos y Drogas de Estados Unidos (FDA) recomienda 150 microgramos de yodo por día tanto para hombres como mujeres).

Efectos secundarios: el fucus es una sustancia muy rica en yodo, y administrado por vía oral ha demostrado numerosos efectos secundarios por su capacidad para alterar la hormona tiroidea. El fucus no debe utilizarse en casos de hipertiroidismo o problemas cardiacos, ni durante el embarazo o la lactancia. Una dosis excesiva (pasarse en gran cantidad de la dosis recomendada) puede dar lugar a hipertiroidismo, temblores, aumento del pulso y presión arterial elevada.

Fajas: te reducen hasta 3 tallas en segundos, "que maravilla", pero cuando nos la quitamos se acaba la ilusión, y qué decir de lo molestas que son, con todas esas varillas, aunque ahora hay algunas que son más cómodas. Pero la solución no es esconder el problema, sino enfrentarlo y eliminar esa grasa a través de dieta sana y tonificar el cuerpo a través del ejercicio.

Efectos secundarios: ninguno

Sauna: elimina toxinas y agua retenida, lo cual es muy benéfico para tu piel, pero no elimina grasa.

Efectos secundarios: el abuso puede provoca deshidratación.

Infomerciales de productos para adelgazar: son un arma poderosa utilizada para engañarnos, haciéndonos creer que el producto que anuncian es el milagro que estábamos esperando para deshacernos de los "gorditos". Esto incluye: todo aparato que prometa resultados sin ejercicios que involucren esfuerzo físico, "geles maravillosos" que te prometen perder centímetros en minutos, cremas que eliminan la celulitis, "fajas mágicas" que desaparecen la grasa en segundos, saunas que derriten grasa sin ningún esfuerzo, preparados de jugos de frutas que te aseguran perderás 3 kilos en tres días.

Productos inútiles que lo único que logran es adelgazar nuestro bolsillo.

Conclusión

No existe "la pastilla milagro" que al tomarla por la noche a la mañana siguiente te encuentres tan esbelta como Thalía, lo único que logran hacer es inducirnos a gastar dinero, dando falsas promesas, que al cabo de las semanas nos daremos cuenta del engaño; nos sentiremos frustradas y con ganas de conformarnos con el peso actual, porque llegamos a creer que es imposible vencer a la temible grasa.

No es imposible, pero la reducción de peso exitosa requiere entrega, disciplina, fuerza de voluntad; más adelante veremos, productos seguros que si funcionan.

CUARTA PARTE

ALIMENTOS SALUDABLES, TU MEJOR ALIADO

La palabra aliado significa que está unido o coligado con otro u otros. En una guerra contra un país, el aliado es aquella nación que se une a la batalla, de igual manera en **"NUESTRA GUERRA CONTRA LA GRASA"** nos vamos a aliar con los alimentos saludables.

CAPÍTULO 11

Grasas poliinsaturadas y monoinsaturadas

Las grasas poliinsaturadas y monoinsaturadas serán nuestro aliado en **NUESTRA GUERRA CONTRA LA GRASA,** puede sonar carente de lógica porque identificamos a todas las grasas como sinónimo de gordura, pero no todos los lípidos son iguales, este tipo de grasas son las que nuestro cuerpo necesita para sus funciones básicas, como producir las prostaglandinas, las cuales regulan muchos procesos corporales, como por ejemplo: la inflamación y la coagulación de la sangre e intervienen en la regulación de la temperatura corporal, al igual que lubrican las células, protegen la piel y los tejidos de la resequedad y asisten al cuerpo en la absorción de vitaminas liposolubles (A, D, E y K). Debido a la importancia que representa el consumo de este tipo de lípidos, es impredecible su consumo, y deben formar parte de una dieta sana y balanceada.

Las grasas están compuestas por ácidos grasos, entre ellos hay una variedad de sustancias que pueden ser dañinas para nuestra salud como las que se encuentran en las grasas saturadas y grasas trans, o benéficas, como las grasas insaturadas (poliinsaturadas y monoinsaturadas). Las grasas insaturadas son las llamadas *"grasas buenas"* debido a que su contenido en grasas saturadas es muy bajo, y esto beneficia de magnifica manera nuestra salud, pues ayudan a promover un excelente estado de salud cardiovascular. Las grasas poliinsaturadas se conocen como omega-3 (linolénico) y omega-6 (linoleico), y son esenciales por la razón de que el mismo cuerpo no las produce. El consumo moderado de *"grasas buenas"* ayuda al buen funcionamiento del organismo, se puede decir que son como el aceite de excelente calidad que nuestra "máquina" (nuestro cuerpo) necesita para trabajar a la perfección. ¿Qué pasaría si empezarás a ponerle aceite de pésima calidad a tu auto? Empezará a decaer, no rendirá igual, etc., y al paso del tiempo será necesario que un mecánico lo examine, lo mismo le sucede a nuestro organismo cuando le proveemos grasas de mala calidad, nuestro cuerpo va decayendo poco a poco, hasta que nos vemos en la necesidad de acudir al médico.

Consejo: limita el consumo de "grasas malas" y sustitúyelo por las "grasas buenas", estos lípidos nos ofrecen vida a través de sus bondadosos beneficios.

Las grasas poliinsaturadas son líquidas a temperatura ambiente y se encuentran en aceites de origen vegetal como: cártamo, girasol, maíz, soya, linaza y ajonjolí; otra fuente importante se encuentra en pescados de agua fría como: sardina, salmón, caballa y atún; de la misma forma las podemos encontrar en frutos secos como las nueces y piñones, y en semillas de linaza (lino), que por cierto contienen el doble de omega-3 que el pescado azul; los deliciosos aguacates también son una fuente importante de ácido linolénico (omega-3) y oleico (omega-9).

Aceite de girasol

Buena fuente de omega 3, 6 y 9.

-Beneficios del omega 3 y 6

- ✓ Previenen las enfermedades cardiovasculares; debido a que favorecen la circulación sanguínea, disminuyendo la fijación de colesterol en las arterias.
- ✓ Aumentan los niveles de colesterol "bueno" (HDL).
- ✓ Ayudan a regular la hipertensión arterial.
- ✓ Reducen los triglicéridos.
- ✓ Evitan la obstrucción de las arterias.
- ✓ Intervienen en la actividad de los órganos reproductivos.
- ✓ Pueden mejorar el rendimiento intelectual.
- ✓ Mejoran el asma, la psoriasis y la osteoartritis.
- ✓ Disminuyen el colesterol "malo" (LDL).
- ✓ Son cardioprotectores, pues al hacer la sangre más fluida, reducen el riesgo de coágulos o trombos.
- ✓ Tienen una acción antiinflamatoria que mejora los síntomas de la artritis.
- ✓ Pueden reducir los riesgos de padecer diabetes en un 40%.

Nota importante: obtendrás todos estos beneficios antes mencionados, siempre y cuando el consumo de "grasas buenas" sea parte de una dieta saludable.

El consumo moderado del omega 3 y 6 ayuda a perder peso, debido a que se ha demostrado en estudios científicos que este tipo de grasa aumenta la termogénesis (acelera el gasto energético del organismo).

Las grasas monoinsaturadas u omega-9 que nos proveen del ácido graso denominado oleico, no es considerada esencial, puesto que el mismo cuerpo la produce. Pero su consumo moderado, aunado a una dieta baja en grasas dañinas (alimentos con alto contenido de colesterol, grasas trans, grasas saturadas), al igual que el omega 3 y 6 nos provee de múltiples beneficios como:

- Disminución del colesterol total.
- Disminuyen el colesterol "malo" (LDL).
- Bajan los niveles de triglicéridos en la sangre.
- Aumentan el colesterol "bueno" (HDL).
- Ayudan a controlar los niveles de glucosa en la sangre.
- Reducen el riesgo de enfermedades cardiovasculares.

Alimentos que aportan omega-9 (ácido oleico) a nuestra dieta:

- Aceite de oliva
- Aceite de canola
- Aceite de girasol
- Aceitunas
- Cacahuates
- Almendras
- Avellanas
- Pistaches
- Aguacates

Excelente fuente de ácido oleico

CAPÍTULO 12

Los 10 mejores alimentos para perder peso

El clasificar estos alimentos no es porque tengan un "efecto milagroso" en el organismo o sean mejores que otros; considero que cada uno de ellos tiene propiedades que nos ayudan a bajar de peso y mejorar nuestra salud al contribuir en la nutrición del cuerpo, una de ellas sería que la mayoría son bajos en calorías y están repletos de nutrientes, debido a que aportan al organismo sustancias muy importantes para su adecuado funcionamiento; las frutas y verduras nos proveen de fibra, vitaminas y minerales, nos otorgan vitalidad y mejoran la digestión. Las claras de huevo, el atún, y la leche descremada, aportan los aminoácidos esenciales, sumamente importantes para la reconstrucción de las fibras musculares; y los frutos secos al igual que las semillas de linaza, proporcionan las grasas saludables, benéficas para la salud de tu corazón. La avena y las papas contribuyen en mantenemos con energía Todas estas virtudes los convierten en los preferidos de nuestra dieta, y deben formar parte del programa. Estos "súper" alimentos contribuirán en acercarnos a nuestra victoria, "serán el aliado perfecto para lograr vencer a la terca grasa que ha invadido nuestros cuerpos".

"Sus propiedades nutritivas y adelgazantes son suficientes razones para ser merecedores de estar en esta lista".

"Alimentos Quema Grasa"

1. Claras de huevo
2. Pechuga de pollo
3. Leche descremada
4. Atún en lata (enlatado con agua)
5. Frutos secos
6. Semillas de linaza
7. Papas
8. Avena
9. Vegetales
10. Frutas

Claras de huevo: una clara de huevo contiene sólo 17 calorías, 0% grasa, libre de colesterol y 3.5 gramos de proteína de excelente calidad. ¿Qué la convierte en buena fuente para la pérdida de peso? Es baja en calorías y aporta al organismo los aminoácidos esenciales que no puede fabricar, y son importantes para conservar el músculo durante el proceso de reducción de grasa corporal, las claras de huevo son también una fuente importante de vitamina B2 (riboflavina) esencial para la transformación de los alimentos en energía. Además son un alimento muy versátil, las puedes disfrutar en un *omelet* con vegetales y champiñones o acompañada de tortillas ("sólo 2") y salsa roja.

Las claras de huevo son un alimento favorito de los fisicoculturistas, debido a su poderoso "efecto quema grasa" y propiedades para construir músculo.

Pechuga de pollo: al igual que las claras de huevo, la pechuga de pollo es considerada como proteína de alta calidad, debido a que nos provee de los 8 aminoácidos esenciales que el cuerpo no puede fabricar, además son una excelente fuente de vitaminas del complejo B de las cuales destacan la B3, B6 Y B12 y sustancias indispensables para el organismo como los oligoelementos: hierro y zinc; al igual que las sales minerales: magnesio y potasio. La proteína de la pechuga de pollo acelera la termogénesis y nos mantiene satisfechas por más tiempo; la puedes cocinar a la plancha, acompañada de una papa al horno con verduras, mmm... *¡se ve delicioso!*

Su consumo moderado ayuda a prevenir la pérdida de músculo durante el proceso de adelgazamiento.

Leche descremada: es muy baja en colesterol (5 mg por cada 250 ml), un vaso de leche nos proporciona 7.8 gramos de proteína de excelente calidad, una buena dosis de calcio, vitamina B12 para nervios y sangre saludable, aporta vitamina D lo cual aumenta la absorción de calcio, contribuyendo a huesos fuertes y dientes sanos; el magnesio y el potasio protegen contra la hipertensión, una buena dosis de vitamina A en conjunto con el zinc contribuye a fortalecer el sistema inmune. La leche descremada es un alimento altamente nutritivo que ayuda a mantener el bienestar de nuestro cuerpo ayudándonos a eliminar esos "kilitos" de más; su consumo frecuente puede ayudar a bajar los niveles de colesterol.

Acompáñala de cereal integral o prepara un delicioso licuado de fresas.

El calcio juega un importante rol en la pérdida de peso debido a que estimula la capacidad del organismo para "quemar" grasas, favoreciendo su eliminación y manteniendo el músculo.

Atún en lata (enlatado con agua): es uno de mis favoritos, ya que es muy práctico, abres la lata y lo preparas a tu gusto, es un súper alimento con altas propiedades nutritivas, aportando al organismo una excelente fuente de proteína de alta calidad, hierro, y vitaminas A, D y del complejo B de las cuales destacan la B2, B3, B6, B9 y B12, igualmente nos provee de omega-3 (linolénico), este tipo de ácido graso es considerado como esencial debido a que el organismo es incapaz de producirlo y tiene que ser ingerido a través de la alimentación, además nos ofrece un sinfín de beneficios a nuestra salud cardiovascular entre los cuales se encuentran: disminuir los niveles de colesterol LDL ("malo"), aumentar el HDL ("bueno") y reducir la presión arterial.

Disfrútalo acompañado de pan integral o tostadas horneadas.

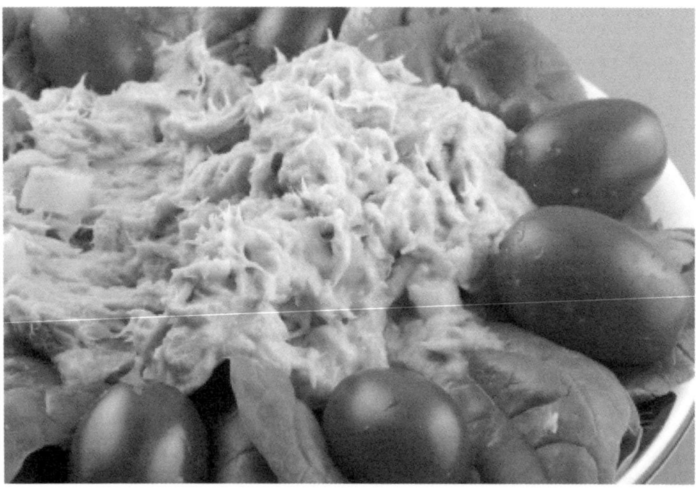

El atún figura entre los llamados peces azules o peces de agua fría, y es un alimento básico de la dieta mediterránea.

Frutos secos: los frutos secos como: almendras, nueces, pistaches, cacahuates, avellanas, piñones; nos suplen de grasas saludables poliinsaturadas y monoinsaturadas por lo que actúan como cardioprotectores (la cardioprotección significa prevenir el daño vascular coronario y de los miocitos cardiacos) previniendo enfermedades cardiovasculares, igualmente son fuente de proteína vegetal, vitaminas y numerosas sustancias bioactivas como los flavonoides (antioxidantes), además su contenido mineral es superior al de otros alimentos, aportan al organismo magnesio, fósforo, potasio, calcio, y oligoelementos como el zinc, hierro y el selenio; su alto contenido en fibra y grasas nos hacen sentir satisfechas por más tiempo, *disfrútalos con moderación,* debido a su contenido calórico; ¡recuerda! un gramo de grasa aporta 9 calorías. Agrégale un puñito de nueces a tu yogurt.

Su consumo moderado nos protege de enfermedades cardiovasculares.

Semillas de linaza: las semillas de linaza provienen de la planta de lino y poseen propiedades sorprendentes, su alto contenido de fibra la hace ideal para el propósito de perder peso, nos mantiene satisfechas por más tiempo a causa de que se desintegra lentamente en nuestro sistema digestivo, el cual se beneficia al promover el movimiento intestinal. Las semillas de linaza son ricas en grasas poliinsaturadas y proporcionan al organismo el ácido graso esencial omega-3 (linolénico), el más abundante en estas maravillosas semillas (el 78% de grasas lo conforma el ácido graso linolénico). Del mismo modo se encuentran presentes los ácidos grasos omega-6 (ácido linoleico) y omega-9 (ácido oleico) y esto la convierte en un "súper alimento", que nos provee excelentes beneficios como bajar los niveles del colesterol "malo" y mejorar nuestra salud cardiovascular.

Por otra parte, es muy accesible, la podemos encontrar en los supermercados o tiendas naturistas; molida y lista para usar.

Consejo: mezcla dos cucharadas de linaza molida en un vaso de agua y tómala antes de los alimentos, te ayudara a crear saciedad y por consecuente, comerás menos.

El 78% de las grasas que provienen de estas maravillosas "semillas de oro" son de los ácidos grasos linolénicos (omega-3) esenciales para el cuerpo y benéficos para contribuir en la salud de tu corazón.

Papas: considerada por muchos como un alimento engordante, esto a causa de su exagerado uso en la comida rápida, cocinadas en grasa pura, como las populares llamadas "papas fritas" o "papas a la francesa", a esto se debe la mala reputación de tan nutritivo vegetal, el cual es alto en hierro y en potasio; una papa contiene casi el doble de potasio que un plátano y es considerada como un carbohidrato complejo gracias a su alto contenido de fibras y almidones que sacian el hambre por más tiempo, y esto la convierte en un alimento ideal para perder peso, siempre y cuando no le agregues crema agria o mantequilla. Las puedes cocinar en el horno de microondas o en el horno convencional.

Son deliciosas acompañadas con pechuga de pollo a la plancha y vegetales.

Nota importante: las papas son un alimento con índice glicémico elevado, se recomienda siempre acompañarla de algún tipo de proteína magra como atún o pechuga de pollo.

Las papas son una excelente fuente de carbohidratos complejos y fibra, una papa con piel contiene la misma cantidad de fibra que ⅓ de taza del cereal All-Bran.

Avena: la avena es uno de los mejores cereales integrales para promover la disminución de peso y la buena salud, ya que su alto contenido de fibra ayuda a reducir los niveles del colesterol "malo" (LDL) y nos provee de saciedad por más tiempo, de la misma manera contribuye a estabilizar los niveles de azúcar en la sangre y su alto contenido de fibra mejora la digestión y ayuda a prevenir el estreñimiento.

Es un alimento altamente nutritivo, nos brinda salud a través de vitaminas como tiamina para un corazón y nervios sanos, minerales como magnesio que de igual manera promueve el equilibrio nervioso y muscular. Contiene zinc, el cual es necesario para la renovación de las células y combate los radicales libres.

Disfrútala en tu desayuno acompañada de leche descremada y fruta fresca; agrégale canela molida para el "efecto quema grasa".

Evita la avena instantánea, la tradicional es mucho mejor debido a que está menos procesada.

Vegetales: los vegetales son, sin duda, un gran aliado para lograr perder peso, son bajos en calorías, contienen fibra, minerales y vitaminas, especialmente vitamina C, la cual se encuentra en la mayoría de las verduras, como el jitomate, brócoli, apio, calabaza, espárrago, etc. Debido al contenido de esta poderosa y esencial vitamina, contribuyen a prevenir infecciones al fortalecer las defensas inmunológicas de nuestro organismo, al igual que mejoran la absorción de hierro y de calcio en los huesos.

Prepárate una deliciosa y nutritiva ensalada con lechuga, pepinos, tomates, zanahorias, chiles; aderézala con limón y aceite de olivo o bien el aderezo de tu preferencia bajo en grasa; acompáñala de rodajas de aguacate, para proveer las grasas "súper saludables".

Los vegetales son bajos en calorías y eso los convierte en un excelente aliado en **"NUESTRA GUERRA CONTRA LA GRASA".**

Frutas: las deliciosas frutas vienen empacadas en diferentes formas, colores y sabores; al igual que los vegetales, son sumamente importantes en la meta de perder peso, pues son bajas en calorías y nos proporcionan nutrientes para el adecuado funcionamiento de nuestro organismo como: fibra, vitaminas, minerales y antioxidantes. Las frutas contienen fructosa, un azúcar cuyo "índice glicémico" es bajo (20) lo que tiene como efecto liberar su energía de manera progresiva e impedir el cansancio repentino o el hambre irresistible que aparece después del consumo de azúcares con "índice glicémico" elevado. Por esta razón son ideales para nuestro propósito de perder peso (siempre y cuando su consumo sea moderado: no más de tres frutas por día).

Disfrútalas en licuados o acompáñalas con queso cottage bajo en grasa.

Su alto contenido en vitamina C ayuda a fortalecer nuestro sistema inmunológico, y acelera la pérdida de peso; llenándonos de salud y vitalidad.

CAPÍTULO 13

Personaliza tu dieta con los alimentos que más te gusten

En el programa **"CÓMO GANAR LA GUERRA CONTRA LA GRASA"** es muy importante tomar en cuenta las necesidades básicas de nuestro cuerpo, como lo vimos anteriormente, los carbohidratos son la principal fuente de energía, se puede decir que son como la "gasolina" del cuerpo, ya que abastecen de energía (glucosa) al cerebro, sistema nervioso y los músculos, y no sería saludable eliminarlos de la dieta debido a la importancia de sus funciones vitales. Las proteínas son la "base del músculo", al seguir un programa para perder peso se corre el riesgo de perder masa muscular, por lo que es muy importante consumir la cantidad correcta de proteína para evitar perder músculo en los más mínimo, puesto que nuestro objetivo es perder grasa. También vimos que los grasas denominadas como monoinsaturadas y poliinsaturadas (ácidos grasos esenciales) son necesarios para diversas funciones del cuerpo; en el programa estas grasas se encuentran clasificadas como "grasas saludables", excluirlas de la dieta crearía ciertas deficiencias que afectaría la habilidad del organismo para eliminar los depósitos de grasa acumulada.

Los nutrientes principales o macronutrientes son sumamente importantes, pues cada uno desempeña una función única lo cual permite que nuestro organismo trabaje adecuadamente. Los carbohidratos nos proporcionan la energía (glucosa) necesaria para los músculos, mientras que las proteínas (aminoácidos esenciales) se encargan de la reparación de los tejidos, y las "grasas saludables" (omega 3, 6 y 9) en la lubricación de las células, entre otras funciones importantes.

A continuación un ejemplo del orden de los nutrientes principales (macronutrientes):

Dieta de 1500 calorías
50% carbohidratos = 750 calorías = 187 gramos **30% proteínas = 450 calorías = 112 gramos** **20% grasas = 300 calorías = 33 gramos**

Esta tabla nos indica el porcentaje de cada nutriente en nuestra dieta, quiere decir que el 50% lo aportaran los carbohidratos, el 30% las proteínas y finalmente las grasas con un 20%.

En la guía de calorías encontrarás una extensa variedad de alimentos permitidos en el programa, puedes crear una infinidad de platillos desde un delicioso y nutritivo desayuno que consiste en avena acompañada de leche y fruta, o salmón con ensalada y papa al horno para la comida.

Lo básico que debemos aprender para así llevar el programa "CÓMO GANAR LA GUERRA CONTRA LA GRASA" de forma exitosa.

- Debes de comer cada 3 o 4 horas, esto es con la finalidad de acelerar el metabolismo y mantener estables los niveles de glucosa (azúcar en la sangre).

  Ejemplo: horario de comidas

  7:00 a.m. Desayuno
  10:00 a.m. Refrigerio
  1:00 p.m. Comida
  4:00 p.m. Refrigerio
  7:00 p.m. Cena

- 1500 calorías es lo más recomendable para una perder peso de una forma segura, al proveer a nuestro cuerpo de todos los nutrientes, evitar el estancamiento y mantenernos con energía, pero igual tú puedes adaptarla de acuerdo al gasto energético del metabolismo basal (ver página 34).
- Bebe 8 vasos de agua todos los días, te mantendrá hidratada y controlará el hambre.
- Combina los alimentos de forma correcta, proteína acompañada de carbohidratos complejos, fruta o vegetal. **Proteína + carbohidratos complejos + fruta o vegetal = alimento completo.**
- Puedes usar todas las especies y hierbas aromáticas de tu preferencia, como: canela, pimienta, orégano, vainilla, comino, cilantro, albahaca, mostaza, entre otras.
- Trata de evitar los consomés y la salsa de soya; contienen altas dosis de sodio.
- Evita empanizar y freír, es mejor optar por métodos más saludables como: cocinar a la plancha, hervir, al vapor o en el horno de microondas, en vez de freír o cocinar con aceite.

- No peles las papas y las zanahorias, lávalas muy bien y procede; la cascara de estos vegetales es rica en fibra.
- Toma el tiempo para preparar tus alimentos, así tendrás el control de las calorías que vas a consumir.

Compras bajo control

- ♦ Escribe la lista cuando no tengas hambre y sólo compra lo que indica.
- ♦ No vallas de compras cuando tienes hambre, tendrás la tentación de comprar bocadillos que engordan.
- ♦ Sabemos que en los supermercados abundan los productos procesados, repletos de sustancias dañinas para nuestra salud como: azúcares, sodio, grasas dañinas, etc. y por esto es muy importante leer la información nutrimental, aunque sea un producto light, pues el consumo de un producto alto en sustancias como el sodio o azúcares procesados puede intervenir en llevar a cabo el programa de forma adecuada, por lo tanto, no veremos los resultados que deseamos, de ahí la importancia de esta tarea.
- ♦ Te recomiendo que realices tus compras en tu día libre, mantendrá en control tu debilidad por comprar golosinas o cualquier producto que pueda interferir en tu meta.
- ♦ Recuerda que hay dos tipos de alimentos, los que ofrecen energía y vitalidad (los alimentos de origen natural como las frutas, vegetales, frijoles, nopales, etc.) y los que nos roban energía y salud (comida "chatarra"). Opta por los mejores, los aliados que te ayudarán a conquistar tu meta.
- ♦ Las categorías de los alimentos permitidos son: proteínas bajas en grasas, carbohidratos complejos, frutas frescas, vegetales, grasas saludables. Eres libre de escoger cualquier alimento que no se encuentre en la guía de calorías que cumpla con estas características.

Guía de calorías

Proteínas Bajas en Grasa

Alimento	Cantidad	Kcal.	Proteína	Carbs.	Grasa
Pechuga de pollo sin piel	113 g	196	35.1	0	5.1
Claras de huevo	4	68	14	1.2	0
Atún en lata (enlatado con agua)	113 g	120	26	0	1.0
Jamón de pavo	1 rebanada	20	2.5	1.5	0.4
Camarones	113 g	120	23	1	2
Salmón	113 g	206	28.8	0	9.2
Bagre	100 g	81	17.1	0	1.4
Caballa	100 g	223	19.9	0	16.3
Bacalao	113 g	119	25.9	0	1
Pez espada	113 g	176	28.8	0	5.8
Langosta	113 g	111	23.2	1.5	0.7
Carne de res magra	100 g	113	21.4	0	2.4
Queso panela bajo en grasa	1 porción (30 g)	52	5.7	1.2	2.7
Yogurt libre de grasa	1 taza	127	13	17.4	0.4
Queso cottage sin grasa	½ taza	90	15	6	0
Leche descremada	250 ml	86	7.8	14.2	0.5
Leche descremada en polvo	1 porción (24 g)	80	4.8	14.4	0.3
Proteína en polvo	1 porción (24 g)	90	17.5	2	1.5
Suero de leche (whey protein)	1 porción (24 g)	114	20	4	2
Proteína de soya en polvo	1 porción (30 g)	113	25.5	2.7	0.1

Carbohidratos Complejos

Alimento	Cantidad	Kcal.	Proteína	Carbs.	Grasa
Avena tradicional	½ taza sin cocinar	150	5	27	3
Papas	1 grande	210	4.4	49	0.2
Arroz integral	1 porción (50 g)	178	3.3	40	1.4
Pasta integral	1 taza cocinado	174	7.5	37.2	0.8
Spaghetti integral	1 taza cocinado	174	7.5	37.2	0.8
Cereal integral	1 taza	144	3.6	33.4	1.4
Cereal Cheerios	1 taza (28 g)	100	3	20	2
Granola (baja en grasa)	⅓ taza (40 g)	160	3.7	31	2.3
Crema de trigo	1 porción (30 g)	100	3	21	1
Pan integral	1 rebanada	80	2.5	14	1
Camote	100 g crudo	87	1.2	21.3	0.3
Frijoles peruanos	½ taza cocidos	108	7.3	19.6	0.4
Frijoles pintos	½ taza cocidos	117	7.0	21.3	0.4
Frijoles negros	½ taza cocidos	114	7.6	20.4	0.5
Chícharos	100 g	140	9.0	25.5	0.3
Lentejas	½ taza cocidas	115	8.9	19.9	0.4
Garbanzos	100 g	89	7.8	13.6	0.4
Elote	1 mediano	83	2.6	19.3	1.0
Tortilla de maíz	2	86	1.8	17.3	0.9
Tortilla de trigo	1	130	3	21	4.5
Tostada horneada	1	45	1.1	9.6	0.2

Frutas Frescas

Alimento	Cantidad	Kcal.	Proteína	Carbs.	Grasa
Manzana	1	81	0.3	21.1	0.5
Plátano	1	105	1.2	26.7	0.6
Melón	½ taza	94	2.3	22.3	0.7
Toronja	½ taza	46	0.6	11.9	0.1
Naranja	1	65	1.4	16.3	0.1
Pera	1	98	0.7	25.1	0.7
Papaya	½ taza (145 g)	59	0.9	14.9	0.2
Sandía	1 porción (200 g)	62	1	14.2	0.6
Uvas	10	36	0.3	8.9	0.3
Ciruela	1	36	0.5	8.6	0.4
Durazno	1	37	0.6	9.7	0.1
Fresas	una taza	46	1	10.4	0.6
Mandarina	1	25	0.6	5.6	0.1
Jícama	½ med (100 g)	33	1	7.9	0
Piña	una taza	76	0.6	19.2	0.7
Kiwis	1	29	0.7	6.3	0.3
Mango	½ taza (100 g)	67	0.5	17.6	0.3
limón	1 mediano	24	1.3	4	0.3
Jugo de naranja	260 ml	110	0.5	27	0
Cerezas naturales	100 g	48	0.9	11.5	0.1

Vegetales

Alimento	Cantidad	Kcal.	Proteína	Carbs.	Grasa
Espárragos	10	40	4	6	0
Brócoli	una taza	46	4.6	8.6	0.4
Calabaza	100 g	13	0.6	2.1	0.2
Tomate	1 mediano	24	1	5	0
Pepino	una taza	16	0.6	3	0.2
Cebolla	una taza	54	2	12	0
Lechuga	2 tazas	20	0	6	0
Espinacas	una taza	42	5.4	6.8	0.4
Zanahoria	1 mediana	32	0.8	7.3	0.1
Ejotes	180 g	50	2	12	0
Nopales	100 g	27	1.7	0.3	5.6
Repollo	porción mediana	24	1.3	4.5	0.2
Cilantro	50 g	13	1.3	2.3	0.1
Apio	½ taza picado	10	0.5	2.2	0.1
Chile jalapeño	50 g	11	0.8	3.3	0
Chile habanero	50 g	15	1.1	3.3	0.8
Chile pimiento	½ taza	14	0.5	3.2	0.1
Chayote	100 g	26	1.1	6.3	0.1
Coliflor	100 g	26	3.2	4.3	0.3
Ajo	1 pieza	4	0.2	1.0	0
Champiñones	½ taza	21	1.7	4.0	0.4
Rábanos	1 (10 g)	1	0.1	0.2	0
Puré de tomate	½ taza (100 g)	38	1.0	8.5	0.1

Grasas Saludables

Alimento	Cantidad	Kcal.	Proteína	Carbs.	Grasa
Aceite de oliva	1 cucharada	125	0	0	13.6
Aceite de canola	1 cucharada	125	0	0	14
Aceite de girasol	1 cucharada	125	0	0	14
Aceite de linaza	1 cucharada	130	0	0	14
Aceite de maíz	1 cucharada	125	0	0	14
Spray PAM	1 rocío (aprox.0.24 g)	0	0	0	0
Cacahuates	10 piezas	60	2.5	0.7	5.3
Nuez (de nogal)	6 mitades	138	2.9	0.7	13.7
Nuez macadamia	6 piezas	75	0.8	0.5	7.8
Almendras	6 piezas	61	2.1	0.7	5.6
Semillas de girasol	1 cucharada (14 g)	81	2.8	2.6	6.7
Pistaches	10 piezas	26	0.8	0.4	2.4
Aguacate	1 mitad, mediano	137	1.4	1.4	14
Linaza molida	1 cucharada (15 g)	75	1.8	6.9	4.2
Aderezo ranch sin grasa	1 porción (30 g)	36	0.2	5.0	1.7
Aderezo italiano (Light)	2 cucharadas (30 g)	35	0	4	2
Mayonesa libre de grasa	1 porción (30 g)	18	0	3.7	0.4
Mayonesa (baja en grasa)	1 porción (30 g)	108	0.2	3.6	10.4

Plan de comidas (ejemplo 1)

Desayuno 7:00 a.m.	*4 claras de huevo* *2 rebanadas de pan integral* *Jugo de naranja natural*	***410 calorías***
Refrigerio 10:00 a.m.	*Queso cottage bajo en grasa, fruta y té negro*	***200 calorías***
Comida 1:00 p.m.	*Pechuga de pollo, papa al horno, vegetales al vapor* *Gelatina Light*	***443 calorías***
Refrigerio 4:00 p.m.	*Yogurt descremado* *Un puñito de nueces*	***150 calorías***
Cena ligera 7:00 p.m.	*Pescado y ensalada* *Té verde*	***300 calorías***

1500 calorías

Carbohidratos: 187 gramos (50%)

Proteína: 112 gramos (30%)

Grasas: 33 gramos (20%)

Plan de comidas (ejemplo 2)

Desayuno 7:00 a.m.	*Cereal integral* *Leche descremada* *Un plátano*	***404 calorías***
Refrigerio 10:00 a.m.	*Un sándwich de jamón*	***200 calorías***
Comida 1:00 p.m.	*Ceviche de camarón, dos tostadas horneadas* *Agua de jamaica natural*	***446 calorías***
Refrigerio 4:00 p.m.	*Pepino y jícama con limón y chile*	***150 calorías***
Cena ligera 7:00 p.m.	*Súper Licuado* *"Quema Grasa"* *Té de canela*	***300 calorías***

1500 calorías

Carbohidratos: 187 gramos (50%)
Proteína: 112 gramos (30%)
Grasas: 33 gramos (20%)

Diario semanal de comidas

Fecha ____________
No. Semana _______

Día 1

Desayuno ______________________________
Refrigerio ______________________________
Comida ______________________________
Refrigerio ______________________________
Cena ______________________________

Día 2

Desayuno ______________________________
Refrigerio ______________________________
Comida ______________________________
Refrigerio ______________________________
Cena ______________________________

Día 3

Desayuno ______________________________
Refrigerio ______________________________
Comida ______________________________
Refrigerio ______________________________
Cena ______________________________

Día 4

Desayuno ______________________________
Refrigerio ______________________________
Comida ______________________________
Refrigerio ______________________________
Cena ______________________________

Día 5

Desayuno ______________________________
Refrigerio ______________________________
Comida ______________________________
Refrigerio ______________________________
Cena ______________________________

Día 6

Desayuno ______________________________
Refrigerio ______________________________
Comida ______________________________
Refrigerio ______________________________
Cena ______________________________

Consejo: Fotocopia esta página y úsala para llevar el control de tu dieta.

Lista del supermercado

Consejo: fotocopia esta página y úsala para hacer tus compras en el supermercado, te mantendrá enfocada en el plan.

"Súper Licuado Quema Grasa"

Ingredientes:

Un vaso de leche descremada (250 ml)

Una porción de proteína (*whey protein*)

Una cucharada de linaza molida

Una taza de fresas o cualquier otra fruta

Un sobre de sustituto de azúcar

Excelente fuente de proteína, fibra, y ácidos grasos esenciales omega-3.

Modo de preparación:

Se mezclan los ingredientes en la licuadora, y ¡listo! un delicioso licuado con alto valor nutricional.

Aporta menos de 400 calorías y es ideal para sustituir una comida.

Postres:

Gelatinas *Light*

Bebidas:

- Limonadas o naranjadas endulzadas con sustituto de azúcar.
- Agua mineral para preparar bebidas bajas en calorías.
- Agua de jamaica natural.
- Jugo de naranja y toronja naturales (sólo en el desayuno).
- Té (canela, verde, negro, rojo).
- Café (con moderación).
- Sodas light (con moderación).

CAPÍTULO 14

Acelera tu metabolismo con comidas picantes

Si eres fan de la comida picante, estoy segura que esta noticia te dibujó una sonrisa en tu cara, *¡sí!* los chiles tienen el maravilloso efecto de acelerar tu metabolismo hasta en un 25% y esto es debido a que contienen una sustancia llamada capsaicina, además proporcionan: potasio, hierro, magnesio y vitaminas A, C, y B6. ***¿Qué es la capsaicina?*** es el componente bioactivo de los chiles, esta sustancia es la que que provoca ese ardor en nuestra boca cuando comemos algo muy picoso, y nos hace sentir acaloradas a causa del efecto térmico que produce en el organismo. Los chiles forman parte de de la alimentación básica de los mexicanos, y ahora serán nuestro aliado en la batalla contra la grasa, pues se ha demostrado su eficacia en estudios al acelerar el metabolismo y suprimir el apetito, lo que induce a que comamos menos. La capsaicina de los chiles provoca que adelgazar sea un placer.

El chile habanero es el que contiene más capsaicina, a esto se le atribuye la fuerte sensación picante que provoca.

El poderoso compuesto llamado capsaicina que proviene de los chiles, ha demostrado ser muy eficaz en la quema de grasa, pues estudios demuestran que consumir una cucharada de chile verde o rojo, que contiene 30 mg de capsaicina, resulta en una aceleración temporal del metabolismo en un 23%. En otro estudio, se les dio a los voluntarios 90 mg de chile rojo en cápsulas antes de cada comida, el resultado fue que los individuos redujeron la ingesta de calorías hasta en un 16%.

Por lo tanto, los chiles demuestran ser un excelente aliado para acelerar el metabolismo y disminuir el apetito, lo que da como resultado a perder peso; se han encontrado muchas cualidades en estas "frutillas" que aparte de que aceleran el metabolismo y le dan un rico sabor a los platillos, aportan importantes beneficios a la salud. En Tailandia se descubrió que los chiles jalapeños contienen propiedades anticoagulantes, esto permite que circule la sangre por los vasos sanguíneos, reduciendo las probabilidades de sufrir un ataque al corazón, del mismo modo que puede reducir los niveles de colesterol y ayudar a controlar la presión arterial, además es expectorante natural y descongestionante ayudando así a prevenir la bronquitis y el enfisema pulmonar.

Notas interesantes

Por otra parte, se ha descubierto en diversos estudios que la capsaicina, el componente activo del chile, podría usarse en un futuro no muy lejano en tratamientos para personas que padecen de diferentes tipos de cáncer. Y esto es gracias a su alto contenido de poder antioxidante, de modo que contribuye en eliminar las células cancerosas, pues se ha demostrado su eficacia en algunos estudios, aunque se sigue estudiando más a profundidad.

La capsaicina es también usada en medicamentos tópicos, en tratamientos contra el dolor.

Prepara salsas picosas con chile habanero, jalapeño, serrano, manzano, chile de árbol; estos son los que tienen el más alto compuesto de capsaicina, pero todos los chiles lo contienen de menor a mayor cantidad. "Así es que a comer picoso", además son bajos en calorías, cuatro cucharadas de salsa de tomate con chile jalapeño, aporta sólo 16 calorías.

Nota importante: las comidas picantes no son recomendables para personas que padecen de gastritis.

CAPÍTULO 15

"Buenas noticias"

La buena noticia es que cada 6 días podrás comer todo lo que tu quieras, y me refiero a todo lo que se te antoje, uno de los placeres de los seres humanos es comer alimentos que satisfagan nuestro paladar, estamos acostumbradas a comer alimentos que no podemos consumir al estar en un régimen estricto, para así lograr bajar de peso, y al iniciar una dieta es difícil seguirla por mucho tiempo sin darnos un atracón de "alimentos censurados", a lo que después nos lleva a sentir una terrible sensación de culpa. En nuestro programa está permitido ***el día libre,*** en el cual te olvidas de la dieta y comes lo que tú quieras, *¡sin reglas!* Este método es muy efectivo en la eliminación de reservas de grasa corporal, y tal vez valla a crear cierta controversia porque algunas personas pueden pensar que el programa se contradice, puesto que, en este libro se habla de forma muy seria sobre el peligro que representa el consumo de alimentos "chatarra".

Lo cierto es que cada una de nosotras tiene cierta debilidad por algún tipo de comida, golosina o botana; en lo personal me fascinan las "papas fritas", a ti tal vez te encante el helado o los chocolates. Y es algo de lo más normal, nuestras papilas gustativas fueron diseñadas para que disfrutáramos el sabor de los alimentos, pero, si realmente deseamos perder peso, lo más sabio es hacer a un lado los productos que puedan intervenir en nuestra meta. La buena noticia es que será sólo por 6 días y al séptimo día podrás consumir lo que tu desees, sin culpas.

Este método fue diseñado y aprobado por el doctor estadounidense Frederick C. Hatfield y es muy conocido entre los fisicoculturistas. Consiste en llevar una dieta estricta por un periodo de varios días, y aumentar la ingesta calórica a niveles normales por un día, y de nuevo regresa al régimen dietético y así sucesivamente hasta lograr la meta. Este procedimiento se conoce como método zig-zag (*zigzagging method*) y fue adaptado para nuestro propósito como ***"el día libre".***

¿Cómo funciona?

Nuestro cuerpo está acostumbrado a recibir cierta cantidad de calorías y al reducir el aporte calórico estamos forzándolo a eliminar grasa.

Antes de la dieta: **más de 2000 calorías**

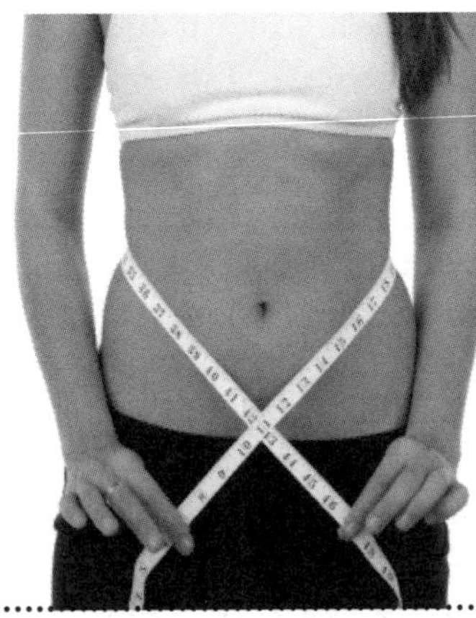

En la dieta: **1500 calorías**

Lo que da como resultado a una disminución de grasa corporal.

El día libre consiste en confundir al metabolismo comiendo una cantidad limitada de calorías por un periodo de tiempo (6 días), logrando con esto que el organismo empiece a eliminar calorías almacenadas en forma de grasa, y regresamos a nuestra dieta anterior que sobrepasaba las 1500 calorías (por un día), y de nuevo regresamos a el régimen dietético (1500 calorías) y así sucesivamente hasta que lleguemos a conquistar nuestra meta.

El cuerpo humano es como una máquina perfecta que regula cada una de sus actividades con absoluta precisión, "es muy inteligente", y al detectar que estamos consumiendo una cantidad menor de energía (calorías) tiende a ajustarse y provoca lo que conocemos como estancamiento, este es el motivo por el cual la mayoría de las dietas no funcionan. Perdemos peso al inicio del programa, y después de un par de semanas la aguja de la báscula no se mueve, provocándonos desanimo, pero anímate, recuerda que el titulo de este capítulo es "buenas noticias" y esta es que tienes un *día libre.*

Rotar tus calorías te ayudará a "resetear" el metabolismo, pues si nos mantenemos en una dieta hipocalórica por un tiempo prolongado, causará que el metabolismo basal se haga lento con la finalidad de conservar energía, ya que el acumular grasa es un mecanismo de defensa que el organismo usa para protegerse en tiempos de hambruna, y este método consiste en jugarle un truco haciéndole creer que estamos comiendo como antes, y no es necesario encender la alarma que indica: ***"no perder peso".***

El método zig-zag (*o día libre*) es el truco perfecto para evitar el estancamiento y seguir perdiendo centímetros por todas partes, lo cual hace la dieta más fácil de seguir y estoy segura que esta noticia te encantó. *"Tienes un día libre",* disfrútalo sin culpas, en un sólo día no aumentarás de peso y será benéfico para tu estado mental y corporal. Empezaras la semana (en caso que tomes tu día libre en domingo) con tu metabolismo acelerado.

Consejo: no es recomendable que omitas uno de los mejores métodos para perder grasa,

-Día libre-

El disfrutar de un día libre en el cual tengas la libertad de consumir lo que tu desees, tiene múltiples beneficios, uno de ellos sería el controlarte en los 6 días del régimen pensando que llegará el día en que podrás disfrutar ese "alimento prohibido" que se te está antojando.

CAPÍTULO 16

Tips

1. Usa un juego de medidores de taza (¼, ⅓, ½ y una taza), una pesa pequeña, cucharas de medir; esto será de gran beneficio para el control de tus porciones.

Controlar tus porciones equivale a controlar las calorías que consumes.

2. Disfruta los alimentos, cómelos despacio, disfruta la textura el sabor; comerás menos y te sentirás satisfecha con menos comida.

Toma en cuenta que la señal de saciedad que emite el estómago al cerebro tarda en llegar hasta 20 minutos.

3. Verifica la tabla nutricional de los alimentos, revisa que sean bajos en grasa, en azúcares, en sodio, y por supuesto, en calorías.

El crear la disciplina de leer la información nutricional te ayudará a llevar el control de las calorías que ingieres.

4. Usa sustituto de aceite en spray antiadherente, ahorrarás cientos de calorías. El más popular es el spray PAM, el cual proporciona 0 calorías por un rocío de ¼ seg. (0.25 g).

Su fórmula evita que los alimentos se peguen.

5. "Cuidado con la sal o el sodio que se esconde detrás de alimentos procesados como vegetales en lata", prefiere las verduras congeladas, las cuales tienen un bajo porcentaje de sodio.

Una dieta alta en sodio retiene líquidos, lo que provoca esa sensación de hinchazón, y aumentamos de peso en agua.

Los alimentos enlatados tienden a ser altos en sodio, checa que una porción no exceda los 300 mg.

6. Cena ligero y temprano, antes de las 7:00 p.m. es lo más recomendable, por la tarde el metabolismo se hace lento y estamos menos activas, por lo tanto, es aconsejable consumir menos de 300 calorías dentro de este horario.

Por la tarde nuestros antojos se acrecientan; disfruta un té de canela para controlarte.

7. Prepara tu menú con anticipación, escribe tus notas y pégalas en el refrigerador, esto te mantendrá enfocada en la dieta.

Ejemplo: comida 1:00 P.M.

Pechuga de pollo a la plancha, una porción de arroz integral, ensalada, gelatina *Light.*

8. Lleva contigo refrigerios nutritivos como: nueces, una manzana, una bebida de proteína, zanahorias, yogurt con frutas; lo que tú quieras, pero no permitas que la seducción de los alimentos no permitidos te venza.

Llévalos a tu trabajo y a donde quiera que vayas, te mantendrá enfocada en tu meta.

9. Usa sustituto de azúcar, ahorrarás calorías y mantendrás los niveles de glucosa (azúcar en la sangre) controlados. Uno de los más populares es el que contiene sucralosa (Splenda), un derivado del azúcar 600 veces más dulce pero no es reconocido por el cuerpo como carbohidrato, por tanto, no tiene calorías.

Aporta el dulce sabor del azúcar pero es libre de calorías.

10. Para alguien que se encuentra en un programa de reducción de grasa corporal, el alcohol es un enemigo que impedirá la baja de peso exitosa, pues tan sólo un gramo aporta 7 calorías, aumenta el apetito y detiene el proceso de quema de grasa.

Las bebidas alcohólicas son altas en calorías vacías, ya que no aportan ningún valor nutricional.

Recuerda: un gramo de alcohol = 7 calorías

QUINTA PARTE

DERRITE GRASA CON PRODUCTOS SEGUROS

Estos maravillosos productos pueden ser un gran aliado en **NUESTRA GUERRA CONTRA LA GRASA.**

CAPÍTULO 17

Aliados que ayudan a bajar de peso

El gran deseo de perder peso en las mujeres, ha provocado una revolución en los laboratorios que se dedican a fabricar productos para adelgazar, los promueven por todas partes con promesas que nos atraen; pastillas que ofrecen la posibilidad de lucir una figura esbelta, sin mayor esfuerzo, simplemente tomándote la "píldora mágica". ¡Sí!, pastillas para adelgazar hay una infinidad, algunas de compuestos de hierbas, otras adicionadas con químicos, como Sibutramina u Orlistat, aprobados por la FDA *(Administración de Alimentos y Fármacos, por sus siglas en inglés*) pero cualquier producto que te ofrezca adelgazar, ofrece efectos secundarios. A continuación, productos naturales y seguros que no solo te ayudarán a perder esos kilos de más, también aportarán grandes beneficios a tu salud.

(Personas que padecen de hipertensión arterial, diabetes, enfermas del riñón o cualquier otro padecimiento, consultarlo con su médico).

Aliados que ayudan a perder peso

Para controlar tus antojos

Canela

Para "quemar grasa"

L-Carnitina

Omega-3

CLA (ácido linoleico conjugado)

Suplementos

Calcio

Complejo B

Coenzima Q10

Vitamina C

Canela: la fragante especie que es comúnmente usada en la preparación de postres, ahora será nuestro aliado ya que normaliza los niveles de azúcar en la sangre (glucosa) al prevenir que la insulina suba bruscamente después de los alimentos, esto da como resultado a que se reduzcan notablemente los antojos por los "alimentos prohibidos". La canela es igualmente una buena fuente de magnesio, fibra, hierro y calcio.

Otro de sus beneficios es que puede ayudar a bajar los niveles de colesterol y triglicéridos, y asimismo es usada en medicamentos naturales para pacientes que padecen diabetes tipo 2, ayudándoles a controlar los niveles de azúcar en la sangre; ¼ de cucharada de canela molida, mezclada con los alimentos es suficiente para acelerar 20 veces más el proceso metabólico del azúcar y bajar los niveles de éste. Puedes usar las varitas de canela para prepararte una deliciosa taza de té y controlar tus antojos por la tarde.

La canela es una excelente opción para controlar los antojos; además es muy accesible, la puedes encontrar en cualquier supermercado.

L-Carnitina: es un nutriente sintetizado (fabricado) en el hígado, riñones y cerebro a partir de los aminoácidos esenciales lisina y metionina, con la ayuda de las vitaminas C, B1 y B6, al igual que el hierro, de la misma manera la podemos encontrar de forma natural en carnes rojas y vegetales, pero mayormente en carnes rojas. La insuficiencia de dichos nutrientes da como resultado a deficiencia de L-Carnitina,

El rol principal de L-Carnitina es transportar los ácidos grasos dentro de las células, para que estas grasas sean utilizadas en forma de energía a través de la mitocondria (órgano de la célula encargado de la oxidación de grasa). La L-Carnitina es muy usada en el mundo del fisicoculturismo debido a los maravillosos beneficios que otorga al eliminar grasa de forma más eficiente cuando se conjuga con un buen programa de dieta hipocalórica y ejercicio, y lo mejor de todo es que no tiene efectos secundarios, al contrario es benéfica para nuestra salud cardiovascular, puesto que tiende a bajar los niveles de colesterol "malo" (LDL) y aumentar los del "bueno" (HDL).

Dosis recomendada: 500 – 1500 mg/día.

Tomar 500 mg de L-Carnitina 30 minutos antes de empezar la rutina de ejercicio aeróbico, te aportará una energía vigorizante y te ayudará a "quemar" (oxidar) grasa de forma más eficiente.

Omega-3: el ácido graso esencial favorece la eliminación de grasa puesto a que ayuda a tu cuerpo a responder mejor a la insulina y estimula la secreción de la hormona leptina (del griego leptos que significa "delgado"). La leptina es una hormona producida en su mayoría por los adipositos (células de grasa) aunque también se expresa en el hipotálamo, los ovarios y la placenta, cuando la cantidad de grasa en los adipositos aumenta, se libera leptina en el flujo sanguíneo, lo que constituye una señal que informa al hipotálamo que el cuerpo tiene bastantes reservas y que debe inhibir el apetito, haciéndote comer menos para perder peso. Ocurre lo opuesto cuando tu cuerpo no está respondiendo a la hormona leptina, tienes más hambre y almacenas más grasa.

En numerosos estudios se ha demostrado la eficacia del omega-3 en la pérdida de peso al controlar los niveles de insulina, acelerar el metabolismo basal y ayudar a tu cuerpo a responder mejor a la hormona leptina y así aumentas la quema de grasa, manteniéndote en excelente estado de salud cardiovascular.

Dosis recomendada: 1000 – 3000 mg/día.

Otras fuentes importantes del omega-3 son: linaza, nueces, pescados de agua fría como las sardinas, el atún y el salmón.

Ácido linoleico conjugado: más conocido como CLA (siglas en inglés), es un ácido graso esencial que lo produce la flora intestinal de animales rumiantes como: ovejas y cabras; la leche y sus derivados igualmente nos proveen de CLA, al igual que algunos aceites vegetales que provienen del maíz, soya y girasol, por lo que si nuestras dietas carecen de estos alimentos, puede haber una deficiencia de este ácido graso esencial que nos provee múltiples beneficios como: controlar los niveles de colesterol y triglicéridos, nos ayuda a aumentar nuestras defensas, además de ser un aliado para evitar la diabetes tipo 2 y reducir el riesgo de osteoporosis; igualmente es un potente antioxidante.

Pero la función que más destaca es el ser un excelente aliado al ayudar a disminuir la grasa corporal, la forma como actúa es muy interesante y emocionante, pues por un lado inhibe los depósitos de grasa en los tejidos especialmente en el abdomen, mientras que aumenta el gasto de energía favoreciendo la lipólisis (destrucción de grasa), del mismo modo ayuda trasportando la grasa hacia la mitocondria celular (órgano de la célula encargada de la oxidación de las grasas). Los alimentos mencionados anteriormente contienen pequeñas dosis de CLA, pero el tomar un suplemento refuerza los beneficios antes dichos, siempre y cuando sea combinado con una dieta apropiada.

Dosis recomendada: 1000 – 3000 mg/día.

Inhibe los depósitos de grasa en los tejidos, especialmente en el área del abdomen y aumenta la termogénesis.

Calcio: el calcio es un mineral esencial para el cuerpo, su rol principal es mantener huesos y dientes sanos y fuertes.

El 99% del calcio en el cuerpo se encuentra en los huesos y los dientes, el 1% restante está en la sangre y el tejido adiposo, y es esencial para la vida y la salud. Debido a que el calcio es muy importante para nuestro bienestar y el cuerpo es incapaz de fabricarlo, hay sólo dos formas de conseguirlo, del calcio en tu dieta o del calcio en tus huesos, es decir, cuando tu organismo necesite calcio va obtener del que esté disponible, por lo tanto, debemos consumir alimentos que lo contengan como leche y sus derivados (bajos en grasa) y algunos vegetales como los de hoja verde oscura y el brócoli.

En estos últimos años se ha descubierto que el calcio puede ayudar a bajar de peso, se han realizado pruebas en las que el valioso mineral es el protagonista, pues se ha comprobado que altas dosis de calcio almacenado en las células de grasa, puede ayudar a "quemar" más grasa ya que acelera la termogénesis. Los productos lácteos como la leche y sus derivados bajos en grasa o sin grasa, se han convertido parte de una era de "súper alimentos" que son un excelente aliado en contra de la temible grasa

Dosis recomendada: 1000 – 1200 mg (mujer adulta).

Consumir 3-4 porciones de productos lácteos como leche, yogurt o quesos bajos en grasa, nos proporcionarían la dosis de calcio diaria.

Complejo B: el complejo B es realmente una combinación de ocho diferentes vitaminas. Las vitaminas del complejo B son clasificadas como hidrosolubles (solubles en agua) y el exceso es eliminado a través de la orina, por esta razón deben ingerirse diariamente a través de alimentos que nos aporten las ocho vitaminas. Cada miembro del complejo B tiene una estructura única y desempeñan funciones vitales en el cuerpo humano.

Vitamina B1 (tiamina): es fundamental para el proceso de transformación de azúcares y cumple una importante labor en la conducción de los impulsos nerviosos y el metabolismo del oxígeno.

Vitamina B2 (riboflavina): es pieza clave en la transformación de los alimentos en energía, ya que favorece la absorción de las proteínas, grasas y carbohidratos.

Vitamina B3 (niacina): se encarga de la fabricación y degradación de proteínas, grasas y carbohidratos. Participa activamente en el control del colesterol y del azúcar en la sangre.

Vitamina B5 (ácido pantoténico): contribuye al mejor aprovechamiento de los energéticos en los alimentos, en la digestión de grasas y azúcares, formación de células y desarrollo del sistema nervioso, ayuda a crear anticuerpos (defensas).

Vitamina B6 (piridoxina): cumple el importantísimo papel del crecimiento, conservación y reproducción de todas las células del organismo.

Vitamina B8 (biotina): es esencial en el metabolismo de grasas y proteínas.

Vitamina B9 (ácido fólico): es indispensable para el crecimiento y funcionamiento del sistema nervioso, así como también en la medula ósea, además favorece la regeneración de las células.

Vitamina B12 (cobalamina): desempeña un papel muy importante en el crecimiento de la persona, contribuye con el desarrollo normal del sistema nervioso, es indispensable para la medula ósea y la síntesis de los glóbulos rojos

Las vitaminas del complejo B son muy importantes para que el cuerpo funcione de forma correcta, y nos mantengamos sanas y llenas de vitalidad.

Dosis recomendada: consultarlo con su médico.

El llevar una dieta sana y balanceada nos provee de todas las vitaminas, pero el seguir un régimen dietético puede crear ciertas deficiencias.

Coenzima Q10: es un compuesto biológico que se encuentra en todos los organismos vivos, incluyendo levaduras, plantas y animales; el ser humano la fábrica (sintetiza) en el hígado, además de ser producida por nuestro cuerpo, esta coenzima se obtiene en pequeñas cantidades en alimentos como: carnes rojas, pescados (macarela, salmón, sardinas y atún), soya, semillas de canola y ajonjolí.

Por más de 20 años Q10 ha sido usada en tratamiento para prevención de enfermedades; especialmente cardiacas, síndrome de Alzheimer, mal de parkinson, esclerosis múltiple, diabetes, entre otras; asimismo es esencial para la producción de energía y está presente en todas las membranas de las células, sin Q10 el organismo no podría funcionar óptimamente. Algunos de sus beneficios son: aumenta el nivel energético, mejora la oxigenación celular, actúa como un potente antioxidante, reduce el daño causado por los radicales libres, entre otros magníficos beneficios. La Coenzima Q10 puede ayudar a eliminar grasa, ya que las células del músculo tienen que "quemar" la grasa para convertirla en energía, y un factor crítico para realizar este trabajo en estas células es la coenzima Q10. Este valioso nutriente es como la "chispa" que enciende la "máquina" de quemar grasa en el músculo.

En la actualidad es difícil obtener las cantidades adecuadas a través de los alimentos, puesto que, los niveles de Q10 disminuyen con la edad, la contaminación y el estrés de todos los días.

Q10 es un excelente aliado para ayudarnos a adelgazar, embelleciéndonos por dentro y por fuera, al mismo tiempo que nos provee de energía.

Dosis recomendada: 100 mg/día.

Es esencial para la transformación y aportación de energía a cada célula viva.

Vitamina C (ácido ascórbico): la vitamina C pertenece al grupo de las vitaminas hidrosolubles y, al igual que el complejo B, no se puede almacenar en el cuerpo. Debemos consumirla diariamente, debido a la importancia que esto implica, puesto que cumple funciones vitales en nuestro organismo, como mantener nuestra piel, huesos, dientes y vasos sanguíneos; ya que que asiste al cuerpo en la formación y mantenimiento del colágeno, además ayuda a desarrollar acciones anti-infecciosas, fortalece el sistema inmunológico, asiste en la absorción de hierro y es un potente antioxidante, protegiendo nuestro organismo de los radicales libres u otras sustancias tóxicas, evitando el envejecimiento prematuro, entre otras funciones importantes.

Los cítricos como las naranjas y los limones son una excelente fuente de vitamina C, aunque la mayoría de las frutas y vegetales nos suplen de esta valiosa vitamina.

Investigadores de la Universidad del Estado de Arizona descubrieron que altas dosis de vitamina C en el torrente sanguíneo incrementa la oxidación de las grasas, que es la habilidad del cuerpo para "quemar" grasa; en otro estudio, un grupo de personas se ejercitaron en la caminadora por 60 minutos, aquellos que presentaban mayor concentración de vitamina C en la sangre quemaron hasta 25% de grasas más que aquellas con menor cantidad de este poderoso nutriente.

Dosis recomendada: 500 – 1000 mg/día.

¡La vitamina C pelea en contra de la grasa!

CAPÍTULO 18

Súper energizantes naturales

Las bebidas energéticas se han vuelto muy populares hoy en día, recuerdo que hace 10 años no existían tantas opciones, solamente había una o dos compañías que las producían. En la actualidad, hay decenas de estas bebidas, se venden por todas partes con la promesa de "llenarte" de energía, "que te dan alas para volar", y algunas presentaciones pequeñas ofrecen energía continua por 5 horas. El problema es que estas bebidas contienen una gran cantidad de cafeína y azúcar, lo cual no es saludable, recuerda que todos los excesos son dañinos, puede que la cafeína tenga un efecto beneficioso en otorgarnos energía cuando nos sentimos agotadas, pero el contenido excesivo que estas bebidas ofrecen puede ser causa de efectos secundarios indeseables; a continuación opciones de bebidas que aceleran el metabolismo y nos otorgan energía de forma segura, con importantes beneficios para la salud.

Bebidas que nos dan energía y aceleran el metabolismo:

Té verde, té rojo, té negro ginseng y café

Té verde: el té verde proviene de las hojas de la planta *Camellia Sinensis*, sus hojas han tenido mínima oxidación durante su proceso debido a que no las fermentan después de su secado, y retienen todas sus propiedades benéficas como los polifenoles. Los polifenoles son compuestos naturales con importantes propiedades antioxidantes que asimismo se encuentran en algunas frutas y verduras. Existen varios tipos de polifenoles presentes en el té verde, siendo las catequinas (grupo de flavonoides específicos del té verde con gran poder antioxidante) las que se encuentran de forma predominante, podemos encontrar varios tipos de catequinas en el "poderoso" té, pero la que más destaca es la epigalocatequina galato (EGCG), la más potente de ellas.

El té verde ha sido utilizado por más de cuatro milenios en el país de China como una bebida para promover la salud mental y corporal; pero se ha popularizado en todo el mundo a causa de sus magníficos beneficios para la salud, ya que es un poderoso antioxidante gracias a su elevada cantidad de polifenoles, está compuesto de 30 a 40% de polifenoles, a diferencia del té negro que únicamente contiene de 3 a 10% y esto se debe a la diferencia del proceso; gracias a que sus hojas no se dejan fermentar, retienen este poderoso antioxidante.

Numerosos estudios han demostrado su eficacia en personas que consumen esta vigorizante bebida frecuentemente, algunos de sus beneficios son: menor riesgo de padecer cáncer de mama, piel, esófago, estómago, colon y próstata. Al igual que puede ayudar a controlar los niveles de glucosa y contribuir a bajar los niveles del colesterol "malo" (LDL) y elevar los del "bueno" (HDL); además, el elevado contenido de antioxidantes convierten al té verde en una excelente opción para evitar el envejecimiento prematuro.

Camellia Sinensis

De acuerdo a recientes estudios, es de igual forma un gran aliado en la lucha contra el sobrepeso u obesidad, debido a la influencia del "poderosísimo" antioxidante epigalocatequina galato (EGCG) en combinación con la cafeína que contiene el té verde; actúan en conjunto acelerando el proceso de "quema de energía" (aumentan la termogénesis), y esto da como resultado a la eliminación de calorías almacenadas en forma de grasa.

Termogénesis: es el proceso mediante el cual tu cuerpo gasta calorías para producir calor, incrementando el gasto energético del metabolismo basal.

Esta maravillosa bebida te puede ayudar a reforzar la quema de grasa, en combinación con la dieta apropiada y el ejercicio aeróbico; los resultados saltaran a la vista.

Té verde

Té saludable y energizante

Tómalo frío

Ingredientes:

Dos tazas de agua caliente

2-3 bolsitas de té verde

Sustituto de azúcar

Ginseng (una botellita)

Hielos al gusto

Modo de preparación:

Deja reposar las bolsitas de té en el agua caliente por 3-5 minutos, déjalo enfriar, endúlzalo y agrégale los hielos y el ginseng. Disfrútalo antes de tu rutina de ejercicio para energizarte y sentirte súper bien.

Tómalo caliente después de tu desayuno, te ayuda a mejorar la digestión y aporta una energía muy especial debido a su contenido de cafeína.

Recomendación diaria: 3 - 5 tazas

Té rojo, Pu-Ern: conocido como el té de los emperadores, es considerado por la medicina tradicional china como la bebida de la salud.

El té rojo proviene de la misma planta que el té verde (*Camellia Sinensis*), pero su proceso único hace la diferencia, aunque no se ha revelado su secreto; se sabe que las hojas grandes de la planta *Camellia Sinensis* son comprimidas y guardadas en barricas de roble, para luego ser almacenadas en un lugar especial, lejos de la humedad excesiva, del calor y de la luz del sol; es almacenado por algunos años. En estas condiciones, el té adquiere un color rojizo, a esto se le atribuye su nombre; el procedimiento puede durar de 2 años a 60 años y esto lo convierte en una bebida muy peculiar debido al proceso que se usa; el hecho que se guarde en barricas y gracias a un técnica especial hace que se torne rojizo y que tenga propiedades extraordinarias como:

- Ayudar a controlar el sobrepeso provocado por la mala alimentación.
- Desintoxica y purifica, activando el metabolismo del hígado.
- Acelera el metabolismo.
- Disminuye los niveles de colesterol "malo" (LDL).
- Ayuda a regular el transito intestinal.
- Cura el mal humor y pequeñas depresiones.
- Estimula la digestión de comidas altas en grasa.
- Refuerza el sistema inmunológico.
- Disminuye los niveles de triglicéridos.
- Previene infecciones.

Esta bebida milenaria posee propiedades sorprendentes, pero la que más ha llamado la atención es que se ha convertido en un excelente aliado en la lucha contra el sobrepeso u obesidad, otorgando beneficios a la salud cardiovascular al reducir los niveles de triglicéridos y bajar los niveles del llamado colesterol "malo" (LDL), se ha hecho muy popular a causa de sus magníficas propiedades para eliminar grasa por lo que le han otorgado el nombre de "devorador de grasas" esto gracias a su capacidad de reducir los índices de grasa en el organismo, lo cual se ha constatado científicamente en numerosos estudios realizados en torno a esta maravillosa bebida, y esto se debe a que el te rojo activa la producción de enzimas purificadoras, acelerando el metabolismo del hígado.

Recomendación diaria: 3 - 4 tazas

Disfrútalo frío o caliente

Té negro: el té negro procedente de la planta de *Camellia Sinensis* al igual que el té verde y rojo, es el que más se consume en el mundo (representa el 78% del consumo frente al 20% del té verde), aunque su origen es asiático, hoy en día se cultiva en regiones tropicales alrededor del mundo. El té negro se encuentra oxidado en mayor grado que las variedades de té verde, rojo y blanco, generalmente posee un aroma más fuerte que los otros tés, esto debido al proceso de elaboración que lo distingue de los otros; el cual se compone por 4 etapas: marchitamiento, enrollado, fermentación y secado.

Asimismo contiene un índice elevado de teína (similar a la cafeína), lo que aporta beneficios como: mantener la mente despierta, alivia la fatiga, aumenta el riego del cerebro, combate el dolor de cabeza, y es considerado de igual manera como una excelente fuente de antioxidantes gracias a la presencia de flavonoides; una taza de té negro contiene 150 mg de flavonoides.

El té negro es una excelente opción para prepararte una deliciosa y refrescante bebida energética para el calor del verano, que nos aporta antioxidantes y energía gracias al contenido de teína, con cero calorías, siempre y cuando lo endulcemos con sustituto de azúcar. En los supermercados podemos encontrarlo listo para prepararlo, o bien podemos adquirirlo en bolsitas como las de la marca Lipton que hicieron muy popular esta famosa bebida: *"iced tea"* o té helado.

Prepárate una refrescante y energizante bebida, necesitas:

4 tazas de agua caliente
3-5 bolsitas de té negro
Sustituto de azúcar
Hielos al gusto

Deja reposar las bolsitas de té en el agua caliente por 3-5 minutos, y ponlo a enfriar, posteriormente endúlzalo y agrégale hielos.

Ginseng: en la actualidad, el ginseng es considerado como la hierba medicinal más popular en todo el mundo, aunque se ha usado durante siglos en países asiáticos como China y Corea. Las propiedades del ginseng provienen de la raíz de una pequeña planta de nombre herbácea; la raíz es carnosa y gruesa; y con el tiempo, como ocurre con otras raíces como la mandrágora, puede adoptar una forma que recuerda la figura humana. Se desarrolla en las zonas frías y estribaciones de las montañas de países como: China, Corea, Rusia, Japón, EE. UU. y Canadá; sus propiedades farmacéuticas y estimulantes se deben a la presencia de ginsenósidos contenidos en la raíz, pero además se han efectuado cientos de estudios encontrando de la misma manera presencia de otras sustancias como: minerales, calcio, fósforo, aluminio, cobalto, azufre, potasio y hierro, así como también carbohidratos, aminoácidos, aceites esenciales, vitaminas A y D, fitoestrógenos y enzimas.

Todos estos componentes conjuntamente con los ginsenósidos hacen del ginseng un excelente aliado para energizarte naturalmente, entre otros beneficios como:

- Disminuir la fatiga mental o física.
- Estimula la producción de endorfinas.
- Disminuye la ansiedad y depresión.
- Mejora la memoria.
- Aumenta la capacidad de comprensión.
- Facilita el aprendizaje.
- Baja los niveles de colesterol.

Puedes mezclar el ginseng con té helado, ya sea verde o negro; los resultados serán un poderoso energizante natural con múltiples beneficios.

Café: el café es la bebida aromática que más se consume en el mundo, su infusión se obtiene a partir de los granos de la planta llamada cafeto (coffea) que están compuestos principalmente por una sustancia estimulante llamada cafeína, la cual es nuestra aliada por las mañanas ¿quién no ha disfrutado una taza de café caliente con el propósito de despertar? La cafeína tiene la maravillosa capacidad de energizarnos naturalmente; esta sustancia ha sido muy controvertida a lo largo de la historia, puesto que años atrás se creía que causaba nerviosismo. Pero, gracias a los estudios científicos en torno a la cafeína, hoy en día, sabemos que tiene más beneficios que contradicciones, y estos son:

- Te ayuda a estar más alerta y concentrada.
- Te llena de energía.
- Mejora tu estado de ánimo y motivación.
- Incrementa la rapidez, resistencia, y disminuye el cansancio.
- Reduce el dolor de cabeza y migrañas.
- Disminuye el riesgo de desarrollar cáncer, ya que el café contiene 300 sustancias benéficas y antioxidantes.
- Las personas que consumen 3 tazas de café diario, tienen hasta 30% menos de probabilidades de padecer diabetes, pues sus componentes disminuyen la concentración de azúcar en la sangre.

Se conocen efectos positivos de la cafeína para disminuir o sedar directamente las cefaleas (dolor de cabeza o migraña) lo que explica que existan fármacos como la "Cafiaspirina".

Otro de los efectos benéficos de la cafeína es que acelera el metabolismo al inducir la termogénesis, lo que da como resultado a la liberación de grasa almacenada hacia el torrente sanguíneo, y del igual forma funciona como diurético si tiendes a retener agua. Cualidades de las que ha abusado la industria de productos para adelgazar, incluyendo grandes dosis de cafeína en pastillas y bebidas energéticas, lo que sí puede resultar perjudicial para nuestra salud, puesto que la dosis recomendada de cafeína es de 2-3 tazas de café lo que equivale a 300 mg por día.

La cafeína que proviene del café tiene efectos positivos al consumirse con moderación, pero el abuso de esta sustancia puede ser contraproducente; pues puede provocar aumento en el ritmo cardiaco, palpitaciones, tensión arterial, irritabilidad, insomnio, ansiedad, intranquilidad, temblores, acidez estomacal, náuseas y vómitos.

Recuerda consumirlo de forma moderada y evita tomarlo por la noche, porque puede causarte insomnio.

La cafeína es usada en grandes cantidades en productos para adelgazar y energizantes que abusan de la dosis segura.

Lo puedes disfrutar frío o caliente

¡Tú decides!

Café helado

Ingredientes:

Un vaso de leche descremada (250 ml)

Una cucharada de café instantáneo

Sustituto de azúcar

Hielos al gusto

Modo de preparación:

Se mezclan todos los ingredientes en la licuadora y listo. Una deliciosa bebida energizante que te aportará proteínas, carbohidratos, calcio, y contiene tan sólo **86 calorías.**

Conclusión

Crea tú misma la combinación perfecta de acuerdo a tus necesidades, por ejemplo, si te es difícil controlar los antojos: usa canela, si quieres mejorar tu salud cardiovascular: el suplemento de omega-3 es perfecto para ti, o si lo que buscas es retardar los efectos de envejecimiento: coenzima Q10 y té verde son una excelente opción.

Ejemplos:

Omega-3 + L-Carnitina + Té rojo

Canela + Coenzima Q10 + Té verde

Calcio + Omega-3 + Té verde

Ginseng + CLA + Té negro

L-Carnitina + Té verde + Ginseng

Omega-3 + CLA + Té negro

Estos son sólo ejemplos, tú tienes la libertad de escoger tu propio cóctel de súper productos, que no sólo te ayudarán a perder peso, sino que además poseen la capacidad de mejorar tu salud.

SEXTA PARTE

TUS MEJORES ARMAS PARA VENCER LA GRASA

Sin duda alguna las mejores armas son el ejercicio aeróbico y el entrenamiento con pesas; el primero ayuda a "quemar grasa", mientras que el entrenar con pesas le da definición a los músculos y acelera el metabolismo.

CAPÍTULO 19

Ejercicio cardiovascular

El ejercicio cardiovascular o aeróbico es una de las armas más poderosas para vencer a la detestable grasa, pues la práctica de una actividad física como andar en bicicleta quema calorías, y por consiguiente, el organismo debe tomarlas de tus reservas de grasa corporal. Este tipo de actividad física incluye cualquier forma de ejercicios que se practique a niveles moderados de intensidad, como mínimo de 12 minutos; es constante, sin parar; usa los músculos del cuerpo inferior como las piernas y los muslos en actividades como: caminar, trotar, correr, nadar, saltar la cuerda, bailar, etc., lo que hace mantener una frecuencia cardiaca más elevada, en este tipo de ejercicios se usa el oxígeno (aeróbico significa con oxígeno) para "quemar" grasas, pues durante la realización del ejercicio aeróbico, el organismo usa una gran cantidad de oxígeno como combustible produciendo adenosín trifosfato (ATP) el cual es el principal elemento transportador de energía para todas las células.

El ejercicio cardiovascular requiere energía y las calorías almacenadas en la grasa corporal son usadas para proporcionar la energía necesaria durante el ejercicio aeróbico prolongado. Los músculos más grandes del organismo son los músculos de las piernas y, naturalmente, estos "queman" la mayoría de las calorías; lo cual hace que el caminar, correr y montar en bicicleta estén entre las formas más efectivas de ejercicio aeróbico para reducir la grasa corporal.

Cuando se inicia el ejercicio aeróbico o cardiovascular, el glucógeno que se encuentra almacenado en los músculos y el hígado se empieza a degradar para convertirse en glucosa y proporcionar la energía necesaria para el constante movimiento de los músculos de las piernas, el glucógeno es utilizado para llevar a cabo dicha función, y cuando este empieza a escasear, entonces el cuerpo da inicio al proceso de extraer la energía de tus depósitos de grasa corporal, esto ocurre aproximadamente después de 20 minutos. Es un proceso que requiere de su tiempo, por lo cual es recomendable realizar ejercicio aeróbico después de entrenar con pesas, ya que las reservas de glucógeno (glucosa almacenada en los músculos y el hígado) han sido agotadas, y la eliminación de grasa acumulada se convierte en un proceso más sencillo para el organismo. Evita que la rutina completa dure más de una hora, para prevenir la pérdida de músculo.

La importancia de respirar correctamente durante el ejercicio aeróbico.

Cuando practicamos actividades aeróbicas como: caminar, trotar, nadar, andar en bicicleta, etc. nuestro cuerpo nos demanda una mayor cantidad de oxígeno, pues como vimos anteriormente, el organismo usa el oxígeno como "combustible", y es sumamente importante el respirar correctamente. Inhala y exhala durante el ejercicio, siente como tus pulmones se llenan del vital elemento de todo ser vivo. Así suplirás de forma más eficiente la demanda de oxígeno en tu cuerpo.

-Frecuencia cardiaca-

La intensidad del ejercicio aeróbico se calcula con la intensidad de la frecuencia de las pulsaciones cardiacas.

La frecuencia máxima o número máximo de pulsaciones por minuto que puede alcanzar el corazón sano de una mujer, se calcula mediante la siguiente fórmula: a 210 se le resta la edad.

Ejemplo: mujer de 27 años, 210 - 27 = 183 máxima frecuencia cardiaca.

Tabla de referencia (frecuencia cardiaca)

Edad	Máxima Frecuencia Cardiaca	85%	65-80%	65%
20	200	170	130-160	130
25	195	166	127-156	127
30	190	162	124-152	124
35	185	157	120-148	120
40	180	153	117-144	117
45	175	149	114-140	114
50	170	145	111-136	111
55	165	140	107-132	107
60	160	136	104-128	104
65+	150	128	98 -120	98

Nota importante: mujeres que sufren de algún padecimiento cardiaco y toman medicamentos, favor de consultarlo con su médico (frecuencia cardiaca).

El porcentaje de frecuencia cardiaca más recomendado para una mujer saludable es de 65-80%

Ejemplo: mujer de 35 años que se ejercita con el porcentaje de frecuencia cardiaca adecuado (120-148%), eliminará grasa de forma más eficiente.

Modo de tomar el pulso en la arteria radial*

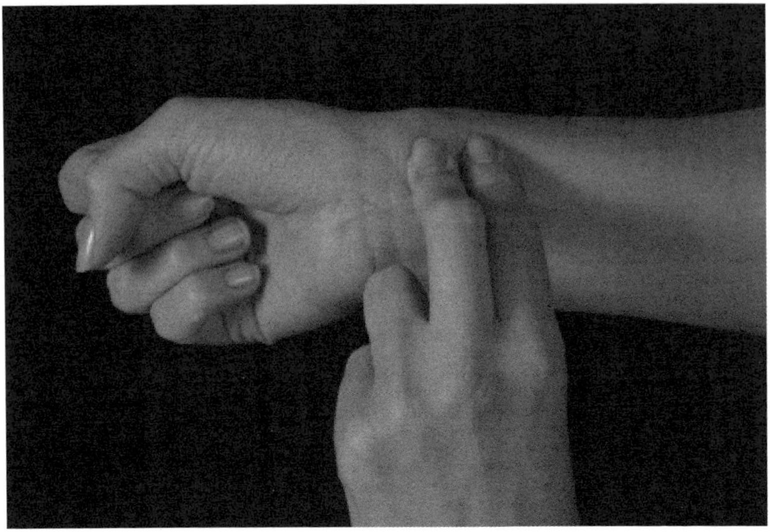

*La arteria radial es una arteria del antebrazo que se encuentra localizada en la muñeca.

La forma más sencilla de medir las pulsaciones por minuto es palpando el pulso en la muñeca; para palpar, se usan las yemas de los dedos índice y medio de la mano, se cuenta el número de pulsaciones en 10 segundos y se multiplican por 6 para obtener el minuto.

Existe otra excelente forma de encontrar tu ritmo cardiaco adecuado. Este método se conoce como escala de Borg.

NIVELES	FRECUENCIA CARDIACA	PERCEPCIÓN
Nivel 1	60-70	Demasiado ligero
Nivel 2	80-90	Muy ligero
Nivel 3	100-110	Ligero
Nivel 4	**120-130**	**Regular**
Nivel 5	**140-150**	**Pesado**
Nivel 6	160-170	Muy pesado
Nivel 7	180-200	Demasiado pesado

Los niveles **4** y **5** corresponden a un adecuado ritmo, en el cual tonificas los músculos inferiores (los músculos de la cintura hacia abajo) y quemas grasa de forma más eficiente.

Realizar una caminata por la mañana nos llena de energía, vitalidad, y libera endorfinas que nos hacen sentir súper bien durante todo el día.

-Ejercicio aeróbico fuera de casa-

Caminar: es increíblemente fácil, no requiere de coordinación porque es una actividad natural para el cuerpo, además tiene la ventaja de poder llevarse a cabo en cualquier lugar; caminar por un tiempo prolongado ayuda a eliminar reservas de grasa, fortalece y define los músculos de las piernas, muslos y glúteos.

Trotar: es el siguiente paso para las personas que empiezan a caminar convirtiéndose en una rutina constante, el trotar refuerza los beneficios de caminar y quema más calorías.

Montar en bicicleta: este tipo de ejercicio aeróbico es una excelente opción para perder peso; es súper divertida, fortaleces las piernas mientras "derrites" grasa. Puedes practicar esta actividad en un lugar seguro cerca de tu casa o en un parque.

Para ejercitarte correctamente:

- ✓ Conserva un nivel de hidratación adecuado.
- ✓ Monitorea tu ritmo cardiaco.
- ✓ Realiza un calentamiento previo de alrededor de 5 minutos.
- ✓ Enfriamiento de 5 minutos, después de la rutina aeróbica.
- ✓ Lleva ropa confortable y el calzado adecuado.
- ✓ Respira correctamente, inhala y exhala.

+

+

Ropa cómoda ***Tenis deportivos*** ***Botella de agua***

También puedes realizar el ejercicio aeróbico en casa, como bajar y subir escaleras, saltar la cuerda o si cuentas con aparatos como bicicleta estática, caminadora o elíptica, estos también son una excelente opción.

El ejercicio cardiovascular no solo nos ayuda a eliminar reservas de grasa, además nos ofrece múltiples beneficios como:

- Acelera el metabolismo.
- Incrementa la circulación de sangre hacia al cerebro, aumentando el estado de alerta.
- Mejora la función cardiovascular.
- Reduce la mortalidad cardiovascular.
- Reduce grasa corporal.
- Baja los niveles de colesterol total en la sangre.
- Reafirma los tejidos.
- Mejora la capacidad pulmonar y el aprovechamiento del oxígeno.
- Aumenta la absorción de calcio en los huesos.
- Disminuye a mediano plazo la presión sanguínea en las personas que sufren de este padecimiento.
- Reduce los niveles de estrés.
- Aumenta los niveles de endorfinas, contribuyendo a mejorar el estado anímico, lo cual se refleja en un excelente estado emocional.
- Disminuye la ansiedad y protege contra la depresión.

Hay que tomar en cuenta que para disfrutar de todos estos beneficios, entre los cuales se encuentra el perder peso, debemos realizar actividades aeróbicas como caminar o trotar como mínimo 3 veces por semana. Empieza despacio, a tu propio ritmo; puedes iniciar con 10 minutos todos los días e incrementar tu velocidad y tiempo cada semana, hasta que logres realizar una hora.

CAPÍTULO 20

Entrenamiento con pesas

Realizar ejercicio de fuerza como levantar pesas, "se puede decir que es como encender la mecha de la bomba más potente para vencer al sobrepeso u obesidad", puesto que ofrece innumerables beneficios que nos ayudarán a acercarnos a nuestra meta. Espero lograr convencerte para que practiques esta poderosa actividad; se que algunas mujeres tienen pavor al simple hecho de levantar pesas, pues lo consideran como algo muy masculino, pero no lo es. El entrenamiento con pesas es igualmente denominando como ejercicio anaeróbico, que en contraste con el ejercicio aeróbico, anaeróbico significa "sin oxígeno" y esto se refiere al intercambio de energía sin oxígeno en un tejido vivo. Los ejercicios de resistencia se realizan "sin oxígeno", pero no te asustes, "no te vas a quedar sin aire", pues este término se refiere a la respiración a nivel molecular, y no a la respiración pulmonar.

Durante el ejercicio anaeróbico, los músculos ejercitados no tienen suficiente oxígeno para responder a la demanda de una actividad tan intensa como es el levantamiento de peso contra resistencia o ejercicios de resistencia con el mismo peso del cuerpo, como las sentadillas y las lagartijas, así que deben suplir esta carencia con otros procesos para producir la energía necesaria.

Los músculos dependen de un inmediato sistema de energía por medio del adenosín trifosfato (ATP) y fosfato de creatina.

El fosfato de creatina es un nutriente producido por el cuerpo (en el hígado, páncreas y riñones) a partir de la combinación de 3 aminoácidos: arginina, glicina y metionina. Esta es almacenada en las fibras musculares y es desintegrada por enzimas para regenerar el adenosín trifosfato (ATP) el cual igualmente es almacenado en las fibras musculares; de esta forma se genera la energía para la contracción muscular. Varios segundos después obtienen una nueva energía a partir del glucógeno (glucosa almacenada en el hígado y músculos), éste es rápidamente convertido en glucosa para ser usado y proporcionar la energía que los músculos necesitan para llevar a cabo su función.

Las fibras musculares se dañan debido al esfuerzo realizado por los músculos, estos se reponen después de varios días y van aumentando significativamente, poco a poco, mediante este proceso se va fortaleciendo cada fibra muscular y aumentas tú masa muscular.

Los músculos son la parte más activa de nuestro cuerpo, desde un punto de vista metabólico, y queman hasta tres veces más calorías que cualquier otro tejido: cada 450 gramos de músculo queman un total de 70 calorías por día cuando nos encontramos en reposo, mientras que cada 450 gramos de grasa queman tan sólo 2 calorías por día en la misma situación.

El tejido adiposo toma mucho más espacio que el músculo, y el entrenar con pesas provocará que empieces a reemplazar grasa por músculo, haciéndote lucir increíble: un cuerpo más saludable y tonificado; por supuesto que esto no pasará de la noche a la mañana, este proceso requiere disciplina, entrega y fuerza de voluntad.

"Lo lograremos poco a poco"

El ejercicio con pesas provoca que la masa muscular crezca, entre más musculatura tenemos, más energía (grasa almacenada) quemamos, lo contrario de igual forma es cierto: entre menos masa muscular tenemos más grasa almacenamos; al incrementar la masa muscular en nuestro cuerpo, aumentamos el gasto energético del metabolismo basal, por tanto, quemamos más calorías incluso cuando nos encontramos en estado de reposo.

Existe un mito sobre las mujeres que hacen pesas, se cree que si una mujer adopta la disciplina de realizar ejercicios de fuerza, sus músculos van a crecer de forma tosca y masculina, esto es totalmente falso ya que una mujer no tiene suficiente testosterona (hormona propia del género masculino que permite desarrollar los músculos del hombre con poco esfuerzo), las féminas producimos una cantidad mucho menor para la regulación de otros aspectos.

Las mujeres fisicoculturistas que has visto probablemente en televisión o revistas, logran ese físico entrenando entre 2-4 horas diarias, levantando hasta 30-50 kilogramos, y posiblemente también ingieran anabólicos (testosterona masculina) lo que provoca un exagerado crecimiento del músculo.

"Aprovecha los maravillosos beneficios que nos otorgan los ejercicios con pesas"

En la rutina del programa **"CÓMO GANAR LA GUERRA CONTRA LA GRASA"** vamos a usar pesas de 4.54 Kg. (10 libras) hasta 9.07 Kg. (20 libras) como máximo**, y entrenar durante 45 minutos 3 veces por semana.** Esto con la finalidad de acelerar la reducción de grasa corporal al aumentar el gasto energético del metabolismo basal mediante el aumento de masa muscular en el cuerpo; tu figura se vera más definida y firme, haciendo lucir tu ropa de forma fenomenal.

Una mujer que tiene la disciplina de entrenar con pesas cuenta con un sinfín de beneficios, entre los cuales están:

- Ayuda a desarrollar masa muscular, entonar y definir músculos.
- Baja los niveles de grasa corporal.
- Acelera el metabolismo.
- Mayor fuerza en tus músculos.
- Mejora la postura.
- Te sientes con más energía.
- Mejora el ánimo.
- Ayuda a controlar el estrés.
- Ayuda a prevenir la osteoporosis.
- Aumenta la autoestima.

No te preocupes, no te vas a convertir en ***"Miss músculo"*** con una apariencia indeseable o falta de feminismo, vamos a usar los beneficios del entrenamiento con pesas sin llegar a los extremos, con el firme propósito de lograr una acelerada pérdida de peso y tonificar las áreas flácidas, logrando así un cuerpo armonioso, "haciéndonos sentir de maravilla".

Esto se debe a que al aumentar masa magra en tu cuerpo, aumentas el gasto energético de tu metabolismo basal, y "quemas" más calorías, incluso cuando te encuentras descansando en el sofá viendo tu programa favorito.

CAPÍTULO 21

Guía de ejercicio

En esta guía se encuentran 3 rutinas compuestas por efectivos ejercicios que trabajarán los grupos musculares más importantes de tu cuerpo. En la siguiente ilustración podemos apreciar los músculos que vamos a trabajar mediante ejercicios de resistencia con pesas.

Rutina nivel principiante: 2 series de 5-10 repeticiones por cada grupo muscular. Descansa 45-60 segundos entre cada serie. Peso: botellas de ½ litro con agua. Duración total de la rutina: 20-30 minutos.

Rutina nivel intermedio: 2 series de 10-12 repeticiones por cada grupo muscular. Descansa 45 segundos entre cada serie. Peso: 4.54 Kg. (10 lb.) Duración total de la rutina: 25-35 minutos.

Rutina nivel avanzado: 3 series de 10-15 repeticiones por cada grupo muscular. Descansa 45 segundos entre cada serie. Peso: 4.54 Kg. (10 lb.), 7.26 Kg. (16 lb.) y 9.07 Kg. (20 lb.). Duración total de la rutina: 35-45 minutos.

Equipo necesario: colchoneta, pesas (según el nivel), ropa y tenis cómodos, una silla, una banca horizontal y un banco pequeño.

-Grupo de los músculos principales-

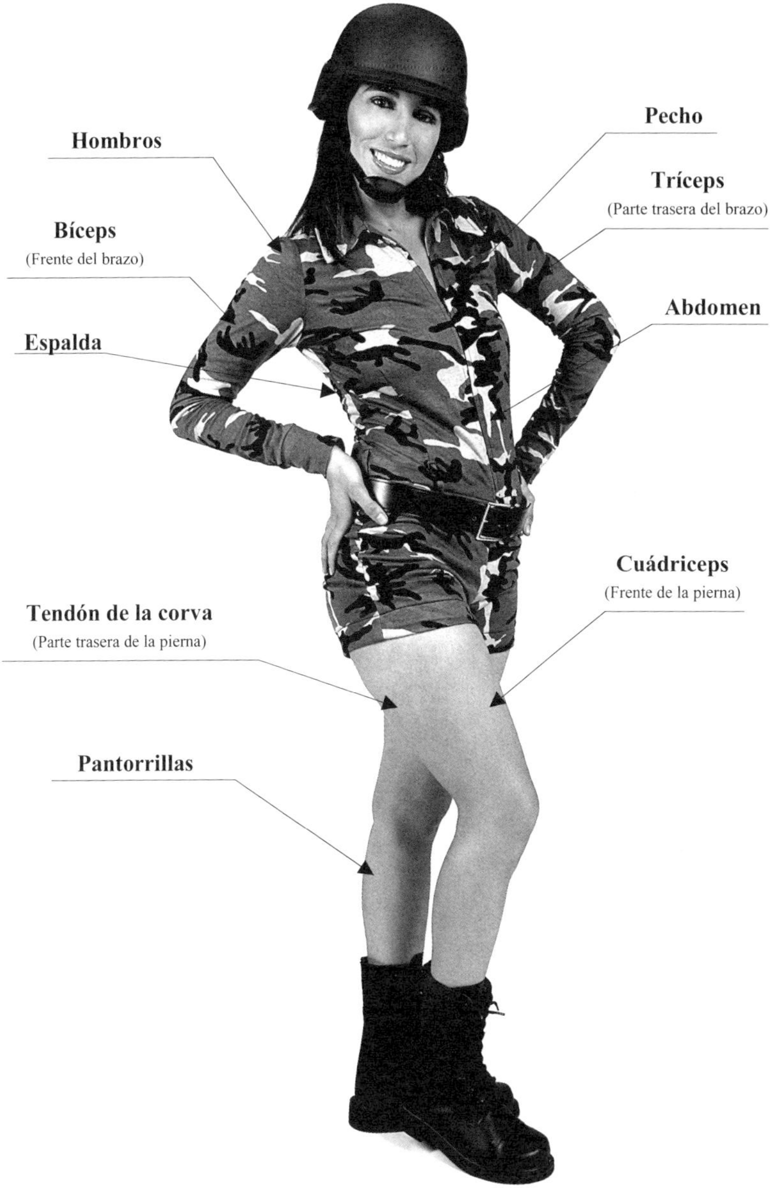

LAS ARMAS	SET DE PESAS
	4.54 Kg. (10 lb.)
	7.26 Kg. (16 lb.)
	9.07 Kg. (20 lb.)

Inicio

Hacer ejercicio de calentamiento por 3-5 minutos permite que la sangre empiece a circular mejor, y prepara los músculos para trabajar de forma más eficiente previniendo lesiones.

Nota: la marcha es solamente un ejemplo, puedes saltar la cuerda, caminar, andar en bicicleta, etc.

Rutina 1

ESTRATEGIA: construir musculo
CAMPO DE BATALLA: tu casa
OBJETIVO: vencer la grasa

PRESS DE PECHO

Trabaja el pecho

Posición inicial: recuéstate en la colchoneta o en una banca con las rodillas flexionadas y los pies apoyados en el piso. Sostén una pesa en cada mano con los codos hacia los lados.

El ejercicio: lleva las pesas hacia arriba hasta que los brazos estén completamente estirados y las pesas se encuentren frente a frente. Ahora baja las pesas lentamente y repite el ejercicio hasta que termines una serie.

Consejo: realiza el ejercicio lentamente, no te apresures.

Peso:

Principiante: botellas con agua.

Intermedio: 7.26 Kg. (16 lb.)

Avanzado: 9.07 Kg. (20 lb.)

Equipo necesario: banca y pesas.

POSICIÓN INICIAL

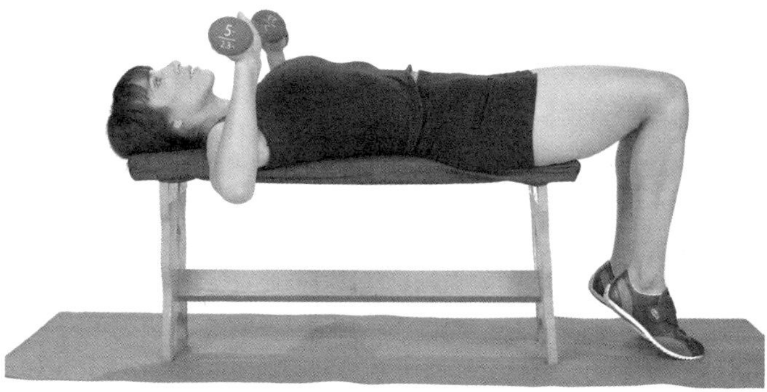

EL EJERCICIO

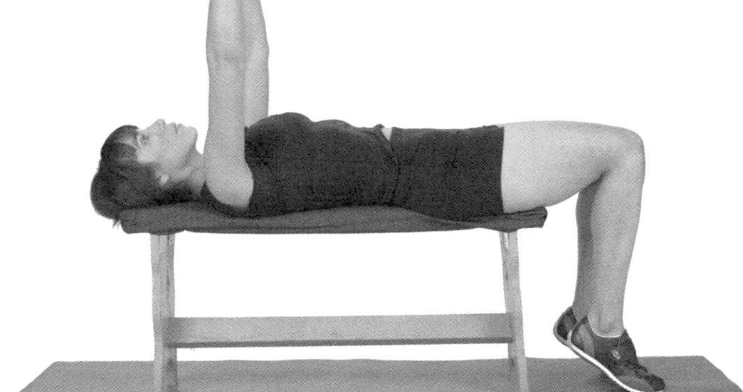

PRESS MILITAR

Trabaja los hombros

Posición inicial: de pie, con las piernas separadas a la altura de los hombros. Sostén una pesa en cada mano con los brazos a la altura de los hombros y con las palmas de las manos mirando hacia enfrente.

El ejercicio: sube las pesas hacia arriba hasta que tus brazos estén completamente estirados. Baja las pesas lentamente regresando a la posición inicial y repite el ejercicio hasta que completes una serie.

Consejo: sostén las pesas con fuerza y mantén la espalda recta.

Peso:

Principiante: botellas con agua.

Intermedio: 4.54Kg. (10 lb.)

Avanzado: 7.26 Kg. (16 lb.)

Equipo necesario: pesas.

POSICIÓN INICIAL

EL EJERCICIO

REMO HORIZONTAL

Trabaja la espalda

Posición inicial: coloca la palma izquierda sobre la banca, de tal forma que esté alineada con tu hombro, acomoda la rodilla izquierda en la banca, haciéndola descansar; tu espalda debe permanecer casi de forma paralela con el piso. Toma una pesa con la mano derecha.

El ejercicio: levanta tu codo lo más alto que puedas, la pesa deberá terminar de forma paralela con el torso, posteriormente baja el peso lentamente regresando a la posición inicial. Ahora realízalo de nuevo hasta que termines el número de repeticiones con ese brazo.

Consejo: mantén la espalda recta, si es posible verifica la posición con un espejo.

Peso:

Principiante: botellas con agua.

Intermedio: 3.62 Kg. (8 lb.)

Avanzado: 4.53 Kg. (10 lb.)

Equipo necesario: banca y una pesa.

POSICIÓN INICIAL

EL EJERCICIO

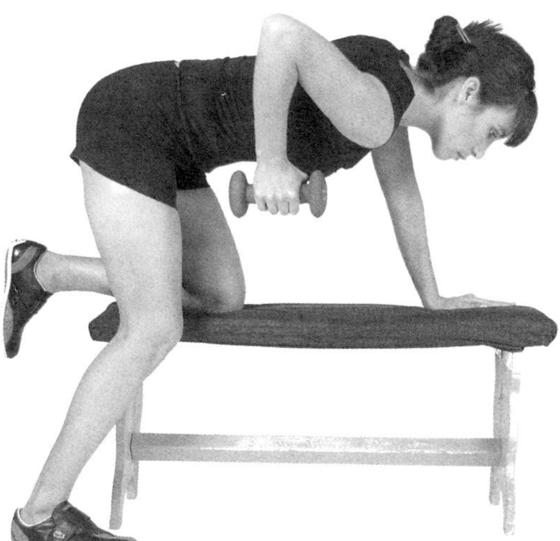

EXTENSIÓN DE TRÍCEPS

Trabaja los tríceps

Posición inicial: de pie, con las piernas separadas a la altura de los hombros y las rodillas ligeramente flexionadas. Toma una pesa firmemente con las dos manos y sostenla detrás de tu cabeza.

El ejercicio: eleva la pesa lentamente hacia arriba hasta que los brazos estén completamente estirados, mantén los codos cerca de tu cabeza, ahora baja la mancuerna regresando a la posición inicial. Repite el ejercicio hasta que finalices una serie.

Consejo: este es un ejercicio excelente para tonificar los tríceps. Si quieres ver buenos resultados te recomiendo que mantengas los codos cerca de tu cabeza, esto provocará que el ejercicio sea más efectivo.

Peso:

Principiante: botella con agua.

Intermedio: 3.62 Kg. (8 lb.)

Avanzado: 4.53 Kg. (10 lb.)

Equipo necesario: una pesa.

POSICIÓN INICIAL

EL EJERCICIO

CURL DE BÍCEPS “TIPO MARTILLO”

Trabaja los bíceps

Posición inicial: de pie, con las piernas separadas a lo ancho de la cadera, extiende tus brazos hacia abajo y a los lados. Sostén una pesa en cada mano, tal como se muestra en la ilustración.

El ejercicio: sube las pesas hacia tus hombros lentamente, ahora baja las pesas de igual forma; durante el levantamiento mantén los brazos cerca de tu torso. Regresa a la posición inicial y realiza el ejercicio de nuevo hasta que finalices una serie.

Consejo: mantener espalda recta, brazos cerca del torso y piernas ligeramente flexionadas.

Peso:

Principiante: botellas con agua.

Intermedio: 7.26 Kg. (16 lb.)

Avanzado: 9.07 Kg. (20 lb.)

Equipo necesario: pesas.

POSICIÓN INICIAL

EL EJERCICIO

SENTADILLA CON PESAS

Trabaja los cuádriceps (frente de la pierna)

Posición inicial: de pie, con las piernas ligeramente flexionadas y separadas a lo ancho de la cadera. Sostén una pesa en cada mano a los lados.

El ejercicio: manteniendo tus brazos hacia los lados y la cabeza levantada, dobla las piernas bajando lentamente las caderas hasta que los muslos queden de forma paralela con el piso. Ahora sube las caderas regresando a la posición inicial.

Consejo: mantén tu espalda lo más recta que puedas.

Peso:

Principiante: botellas con agua.

Intermedio: 7.26 Kg. (16 lb.)

Avanzado: 9.07 Kg. (20 lb.)

Equipo necesario: pesas.

POSICIÓN INICIAL

EL EJERCICIO

DESPLANTE CON PESAS

Trabaja el tendón de la corva (parte trasera de la pierna) y los glúteos

Posición inicial: de pie, con las piernas ligeramente separadas. Sostén una pesa en cada mano apoyando los brazos contra el costado.

El ejercicio: ahora da un paso hacia delante con la pierna derecha, y baja las caderas de forma que la rodilla izquierda se vaya doblando hacia el suelo hasta que se encuentre a algunos centímetros del piso. Realiza el ejercicio hasta que completes el número de repeticiones y cambia de pierna.

Consejo: recuerda mantener tu espalda derecha y el abdomen contraído.

Peso:

Principiante: botellas con agua.

Intermedio: 7.26 Kg. (16 lb.)

Avanzado: 9.07 Kg. (20 lb.)

Equipo necesario: pesas.

POSICIÓN INICIAL

EL EJERCICIO

LEVANTAMIENTO DE PANTORRILLA CON PESAS

Trabaja las pantorrillas

Posición inicial: de pie, con las piernas separadas a la altura de los hombros, con la espalda recta y los pies apoyados en el piso. Sostén una pesa en cada mano a los lados.

El ejercicio: manteniendo tus piernas rectas, eleva los talones lo más alto que puedas con un movimiento lento. Regresa a la posición inicial y realiza el ejercicio de nuevo hasta que termines una serie.

Consejo: mantén tu espalda recta y el abdomen contraído.

Peso:

Principiante: botellas con agua.

Intermedio: 7.26 Kg. (16 lb.)

Avanzado: 9.07 Kg. (20 lb.)

Equipo necesario: pesas.

POSICIÓN INICIAL

EL EJERCICIO

ABDOMINALES

Trabaja el abdomen

Posición inicial: recuéstate boca arriba en la colchoneta, con las rodillas flexionadas y los pies firmes en el piso. Coloca las manos detrás de la nuca y entrelaza los dedos.

El ejercicio: empieza levantando tu espalda baja sin doblar el cuello, con un movimiento lento, sintiendo la contracción muscular en el abdomen. Regresa a la posición inicial y realiza el ejercicio de nuevo hasta que termines una serie.

Consejo: Mantén las rodillas juntas y los pies firmes en el piso. Los abdominales prometen un abdomen firme y libre de grasa, pero sólo cuando es complementado con la dieta adecuada y ejercicio aeróbico; puedes hacer mil abdominales y no ver los resultados que quieres.

Equipo necesario: colchoneta.

POSICIÓN INICIAL

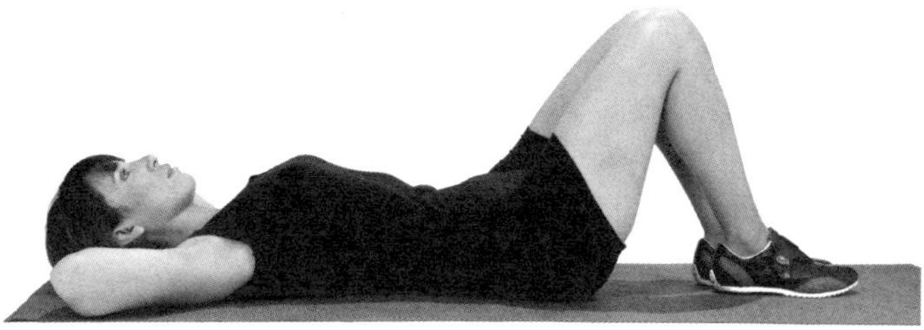

EL EJERCICIO

Rutina 1

PECHO	PRESS DE PECHO
HOMBROS	PRESS MILITAR
ESPALDA	REMO HORIZONTAL
TRÍCEPS	EXTENSIÓN DE TRÍCEPS
BÍCEPS	CURL DE BÍCEPS “TIPO MARTILLO”
CUÁDRICEPS	SENTADILLA CON PESAS
TENDÓN DE LA CORVA	DESPLANTE CON PESAS
PANTORRILLAS	LEVANTAMIENTO DE PANTORRILLA CON PESAS
ABDOMEN	ABDOMINALES

Rutina 2

ESTRATEGIA: construir musculo
CAMPO DE BATALLA: tu casa
OBJETIVO: vencer la grasa

VUELO CON PESAS

Trabaja el pecho

Posición inicial: recuéstate en la colchoneta o en una banca con las rodillas flexionadas y los pies apoyados en el piso. Sostén una pesa en cada mano, manteniendo los brazos paralelos al piso.

El ejercicio: eleva los brazos hacia arriba de forma lenta y pausada, hasta que las pesas se encuentren frente a frente y los brazos estén completamente estirados. Mantén los brazos estirados por unos segundos y bájalos lentamente hasta que regreses a la posición inicial.

Consejo: realiza el ejercicio lentamente, no te apresures.

Peso:

Principiante: botellas con agua.

Intermedio: 7.2 Kg. (16 lb.)

Avanzado: 9.07 Kg. (20 lb.)

Equipo necesario: banca o colchoneta y pesas.

POSICIÓN INICIAL

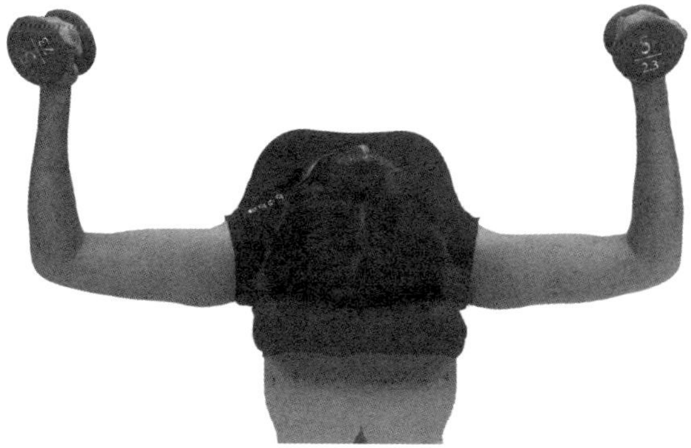

EL EJERCICIO

REMO CON PESAS

Trabaja los hombros

Posición inicial: de pie, con las piernas separadas a lo ancho de la cadera. Sostén una pesa en cada mano con las palmas hacia adentro y extiende tus brazos hacia abajo.

El ejercicio: sube las pesas lentamente hasta que los brazos se encuentren paralelos al piso, mantén las mancuernas cerca una de la otra; ahora bájalas. Esta es una repetición, repite el ejercicio hasta que termines una serie.

Consejo: mantén las pesas cerca de tu cuerpo.

Peso:

Principiante: botellas con agua

Intermedio: 7.26 Kg. (16 lb.)

Avanzado: 9.07 Kg. (20 lb.)

Equipo necesario: pesas.

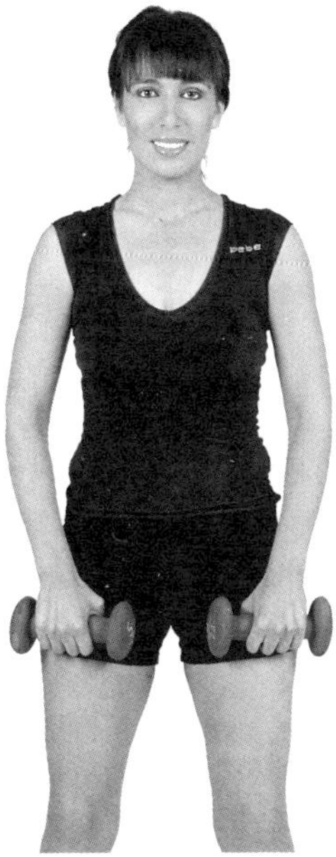

POSICIÓN INICIAL

EL EJERCICIO

REMO HACIA ABAJO CON PESAS

Trabaja la espalda

Posición inicial: de pie, con las piernas separadas a lo ancho de la cadera. Inclínate hacia abajo sosteniendo una pesa en cada mano, con los brazos estirados hacia abajo y las piernas ligeramente flexionadas.

El ejercicio: sube las mancuernas hasta que los brazos se encuentren paralelos al piso, bájalos lentamente regresando a la posición inicial. Repite el ejercicio hasta que finalices una serie.

Consejo: mantén las piernas ligeramente flexionadas y evita encorvarte.

Peso:

Principiante: botellas con agua.

Intermedio: 7.26 Kg. (16 lb.)

Avanzado: 9.07 Kg. (20 lb.)

Equipo necesario: pesas

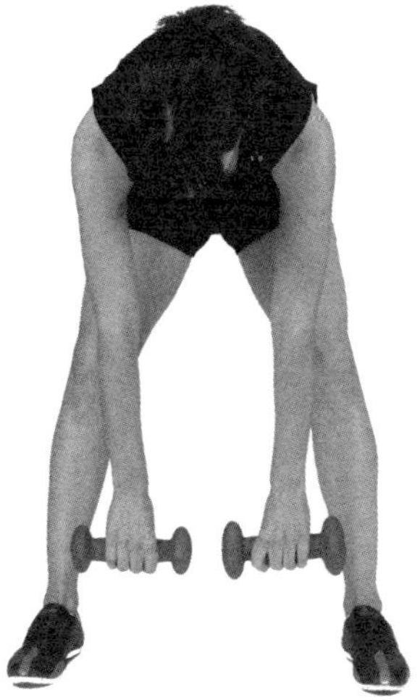

POSICIÓN INICIAL

EL EJERCICIO

PATADA TRASERA DE TRÍCEPS

Trabaja los tríceps

Posición inicial: de pie, con las piernas ligeramente flexionadas y abiertas a lo ancho de la cadera. Sostén una pesa en cada mano hacia enfrente.

El ejercicio: empuja las pesas hacia atrás estirando los brazos de forma lenta hasta que las pesas se encuentren frente a frente, siente el movimiento en el tríceps. Regresa a la posición inicial y repite el ejercicio hasta que termines una serie.

Consejo: mantén espalda recta, abdomen contraído y piernas ligeramente flexionadas.

Peso:

Principiante: botellas con agua.

Intermedio: 7.26 Kg. (16 lb.)

Avanzado: 9.07 Kg. (20 lb.)

Equipo necesario: pesas.

POSICIÓN INICIAL

EL EJERCICIO

CURL DE BÍCEPS

Trabaja los bíceps

Posición inicial: de pie, con las piernas separadas a lo ancho de la cadera, sosteniendo una pesa en cada mano hacia enfrente y los brazos cerca del torso.

El ejercicio: levanta las pesas hacia arriba apuntado hacia tus hombros, ahora bajamos lentamente el peso manteniendo los brazos cerca del torso. Regresa a la posición inicial y repite el ejercicio hasta que termines una serie.

Consejo: mantener la espalda derecha, piernas ligeramente flexionadas, y los brazos cerca del torso.

Peso:

Principiante: botellas con agua.

Intermedio: 7.26 Kg. (16 lb.)

Avanzado: 9.07 Kg. (20 lb.)

Equipo necesario: pesas.

POSICIÓN INICIAL

EL EJERCICIO

DESPLANTE REVERSO

Trabaja los cuádriceps (frente de la pierna)

Posición inicial: de pie, apóyate del respaldo de una silla con la mano izquierda, y con la mano derecha sostén una pesa; dobla tu pierna derecha hacia atrás.

El ejercicio: baja el cuerpo lentamente, manteniendo tu pierna derecha flexionada, siente la contracción en los cuádriceps. Regresa a la posición inicial y repítelo hasta que termines una serie. Ahora realízalo con la otra pierna.

Consejo: mantén el abdomen contraído y la espalda recta.

Peso:

Principiante: botella con agua.

Intermedio: 3.62 Kg. (8 lb.)

Avanzado: 4.53 Kg. (10 lb.)

Equipo necesario: una silla y una pesa.

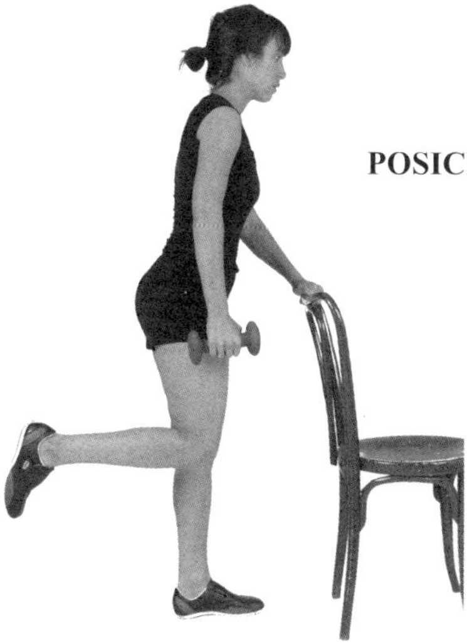

POSICIÓN INICIAL

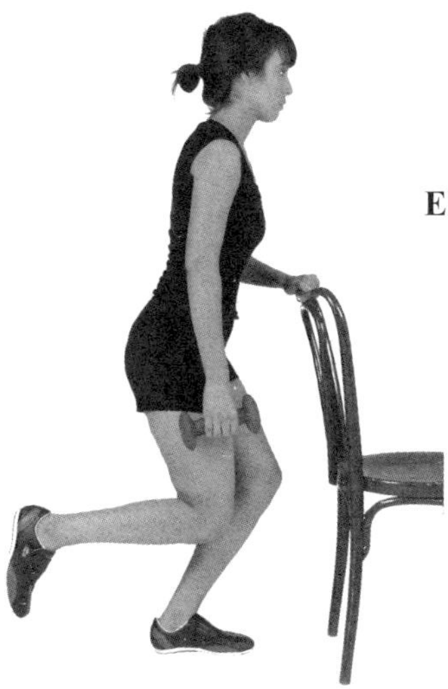

EL EJERCICIO

PESO MUERTO "RUMANO"

Trabaja el tendón de la corva (parte trasera de la pierna) espalda baja y glúteos

Posición inicial: de pie, con las piernas separadas a lo ancho de los hombros, sostén una pesa en cada mano hacia enfrente, las palmas de tus manos deberán apuntar hacia las piernas.

El ejercicio: baja las pesas lentamente hasta que casi tocan el piso, tu torso deberá terminar de forma paralela con el piso. Manteniendo las piernas ligeramente flexionadas, súbelas lentamente regresando a la posición inicial. Realiza el ejercicio de nuevo hasta que finalices una serie.

Consejo: evita encorvarte. Contrae los glúteos al subir; mantén tu espalda y piernas flexibles.

Peso:

Principiante: botellas con agua.

Intermedio: 7.26 Kg. (16 lb.)

Avanzado: 9.07 Kg. (20 lb.)

Equipo necesario: pesas.

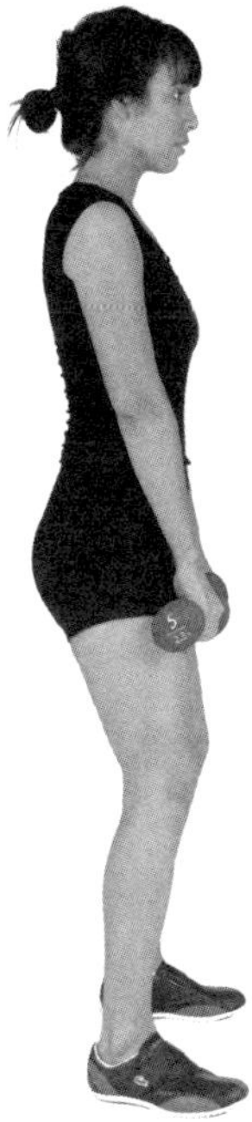

POSICIÓN INICIAL

EL EJERCICIO

LEVANTAMIENTO DE PANTORRILLA EN BANCO

Trabaja las pantorrillas

Posición inicial: de pie, con las puntas de los pies en la orilla de un banco, sosteniéndote con una silla o cualquier objeto que te ayude a crear balance.

El ejercicio: sube las piernas lentamente apoyada de los dedos de los pies lo más alto que puedas, siente la contracción muscular en las pantorrillas. Regresa a la posición inicial y repite el ejercicio de nuevo hasta que termines una serie.

Consejo: mantén espalda recta, abdomen contraído y sube los pies lo más alto que puedas de forma lenta.

Equipo necesario: banco y silla.

POSICIÓN INICIAL

EL EJERCICIO

BICICLETA

Trabaja el abdomen

Posición inicial: recuéstate boca arriba en el piso y coloca las manos detrás de tu cabeza. Levanta las piernas en posición de bicicleta.

El ejercicio: mueve tu rodilla hacia tu pecho, creando un ángulo de 45° grados y realiza un "pedaleo de bicicleta" con tus piernas, acercando tu codo izquierdo con tu rodilla derecha y tu codo derecho con tu rodilla izquierda alternadamente.

Consejo: este ejercicio es uno de los mejores para fortalecer el abdomen, es muy eficaz cuando se realiza de forma correcta. Realiza los movimientos de forma lenta.

Equipo necesario: colchoneta.

POSICIÓN INICIAL

EL EJERCICIO

Rutina 2

PECHO	VUELO CON PESAS
HOMBROS	REMO CON PESAS
ESPALDA	REMO HACIA ABAJO CON PESAS
TRÍCEPS	PATADA TRASERA DE TRÍCEPS
BÍCEPS	CURL DE BÍCEPS
CUÁDRICEPS	DESPLANTE REVERSO
TENDÓN DE LA CORVA	PESO MUERTO “RUMANO”
PANTORRILLAS	LEVANTAMIENTO DE PANTORRILLA EN BANCO
ABDOMEN	BICICLETA

Rutina 3

ESTRATEGIA: construir musculo
CAMPO DE BATALLA: tu casa
OBJETIVO: vencer la grasa

PRESS HACIA ENFRENTE

Trabaja el pecho

Posición inicial: siéntate en una silla (con respaldo) y sostén una pesa en cada mano, sube los brazos hasta que se encuentren paralelos al piso, las pesas deben permanecer frente a frente, tal como se muestra en la ilustración.

El ejercicio: empuja las mancuernas hacia enfrente con un movimiento firme; ahora súbelas regresando los brazos hacia la posición inicial. Esa es una repetición, realiza el ejercicio de nuevo hasta que finalices una serie.

Consejo: evita encorvarte.

Peso:

Principiante: botellas con agua.

Intermedio: 4.54 Kg. (10 lb.)

Avanzado: 7.26 Kg. (16 lb.)

Equipo necesario: una silla y pesas.

POSICIÓN INICIAL

EL EJERCICIO

ELEVACIONES LATERALES

Trabaja los hombros

Posición inicial: de pie, con las piernas separadas a lo ancho de la cadera. Toma una pesa en cada mano con los brazos hacia enfrente y ligeramente doblados.

El ejercicio: manteniendo tus brazos hacia abajo ligeramente flexionados, levanta las pesas a los lados hasta que estén a la altura de los hombros. Ahora bájalas lentamente regresando a la posición inicial. Realiza el ejercicio de nuevo hasta que finalices una serie.

Consejo: mantén tu espalda recta y el abdomen contraído.

Peso:

Principiante: botellas con agua.

Intermedio: 4.54 Kg. (10 lb.)

Avanzado: 7.26 Kg. (16 lb.)

Equipo necesario: Pesas.

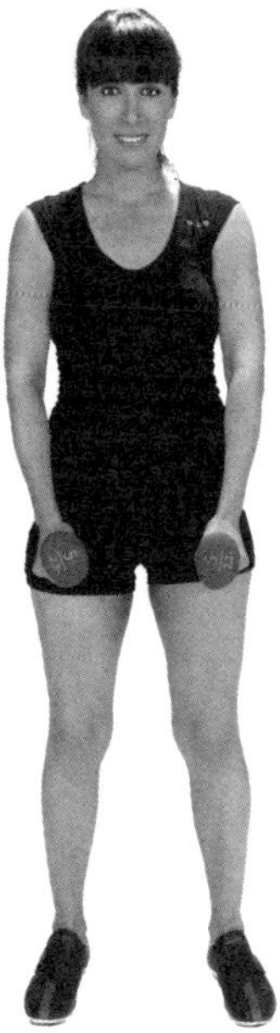

POSICIÓN INICIAL

EL EJERCICIO

EXTENSIÓN DE ESPALDA

Trabaja la espalda y glúteos

Posición inicial: recuéstate boca abajo, haciendo descansar tus brazos a los lados.

El ejercicio: levanta los brazos, el torso y las piernas del piso, mantén esta posición por 3-5 segundos. Realiza el ejercicio de nuevo hasta que completes una serie.

Consejo: levanta los brazos, el torso y las piernas lo más alto que te sea posible.

Equipo necesario: colchoneta.

POSICIÓN INICIAL

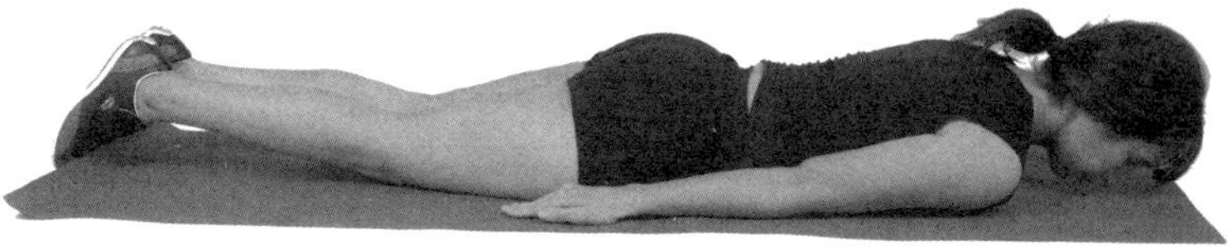

EL EJERCICIO

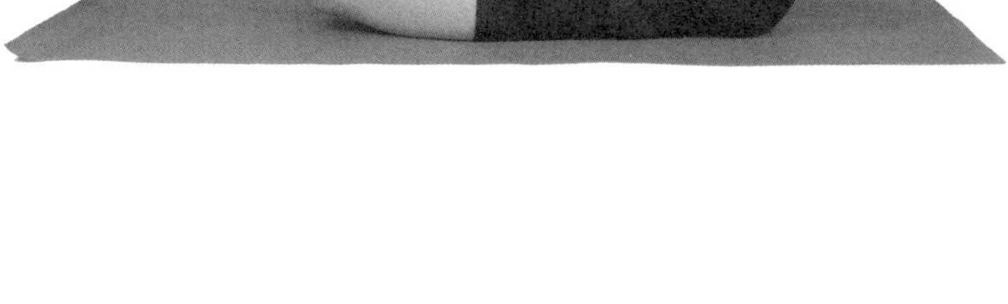

SENTADILLA EN PISO

Trabaja los tríceps

Posición inicial: siéntate en el piso con las rodillas dobladas y los brazos ligeramente flexionados. Sostén el peso de tu cuerpo con los brazos y piernas, las manos deberán apuntar hacia adentro y mantén los pies firmes en el piso.

El ejercicio: estira los brazos y sube tu cuerpo hasta que los brazos se encuentren completamente extendidos, ahora baja el cuerpo lentamente hasta que los glúteos tocan ligeramente el piso. Repite el ejercicio el ejercicio hasta que completes una serie.

Consejo: mantén el cuerpo recto y los brazos flexibles.

Equipo necesario: colchoneta.

POSICIÓN INICIAL

EL EJERCICIO

CURL DE BÍCEPS

Trabaja los bíceps

Posición inicial: de pie, con las piernas separadas a lo ancho de la cadera, sosteniendo una pesa en cada mano hacia enfrente y los brazos cerca del torso.

El ejercicio: levanta las pesas hacia arriba apuntado hacia tus hombros, ahora bajamos lentamente el peso manteniendo los brazos cerca del torso. Regresa a la posición inicial y repite el ejercicio hasta que termines una serie.

Consejo: mantener espalda derecha, piernas ligeramente flexionadas, manteniendo los brazos cerca del torso.

Peso:

Principiante: botellas con agua.

Intermedio: 7.26 Kg. (16 lb.)

Avanzado: 9.07 Kg. (20 lb.)

Equipo necesario: pesas.

POSICIÓN INICIAL

EL EJERCICIO

PLIÉ CON PESAS

Trabaja los cuádriceps (frente de la pierna)

Posición inicial: de pie, con las piernas abiertas a una distancia ligeramente mayor que el ancho de los hombros, con los pies apuntando hacia fuera. Sostén una pesa en cada mano hacia enfrente.

El ejercicio: dobla las rodillas bajando el cuerpo lentamente hasta que tus caderas se encuentren a la misma altura que las rodillas. Regresa a la posición inicial y repite el ejercicio hasta que termines una serie.

Consejo: mantén la espalda recta y el abdomen contraído.

Peso:

Principiante: botellas con agua.

Intermediario: 4.54 Kg. (10 lb.)

Avanzado: 7.26 Kg. (16 lb.)

Equipo necesario: pesas.

POSICIÓN INICIAL

EL EJERCICIO

PATADA TRASERA EN EL PISO

Trabaja el tendón de la corva (parte trasera de la pierna) y los glúteos

Posición inicial: colócate en el piso en posición de "cuatro puntos" y extiende la pierna que vas a trabajar.

El ejercicio: levanta la pierna lo más alto que puedas, con un movimiento lento y concentrado, siéntelo en los glúteos y el tendón de la corva, ahora baja la pierna regresando a la posición inicial. Realiza el ejercicio de nuevo hasta que termines el número de repeticiones. Repítelo con la otra pierna y habrás terminado una serie.

Consejo: contrae el abdomen y aprieta los glúteos.

Equipo necesario: colchoneta

POSICIÓN INICIAL

EL EJERCICIO

LEVANTAMIENTO DE PANTORRILLA CON PLIÉ

Trabaja las pantorrillas

Posición inicial: de pie, con las piernas separadas a lo ancho de la cadera y los pies apuntando hacia afuera. Colócate en posición de plié; sostente de una silla si es necesario.

El ejercicio: levanta los talones lo más alto que puedas, ahora bájalos de nuevo manteniendo la posición de plié. Repite el ejercicio hasta que finalices una serie.

Consejo: mantén la espalda derecha y el abdomen contraído.

POSICIÓN INICIAL

EL EJERCICIO

RUEDA

Trabaja el abdomen

Posición inicial: siéntate en el piso con las rodillas flexionadas y las manos descansando a los lados; con los talones firmes en el piso.

El ejercicio: contrae los músculos del abdomen y lentamente baja el cuerpo sintiendo la contracción muscular. Mantén el abdomen contraído y sube despacio regresando a la posición inicial. Repite el ejercicio hasta que completes una serie.

Consejo: para que el ejercicio te de resultados, realiza los movimientos de forma lenta y concentrada.

Equipo necesario: colchoneta.

POSICIÓN INICIAL

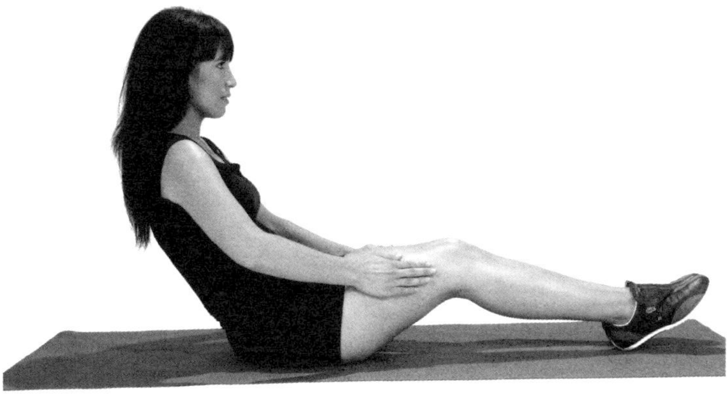

EL EJERCICIO

Rutina 3

PECHO	PRESS HACIA ENFRENTE
HOMBROS	ELEVACIONES LATERALES
ESPALDA	EXTENSIÓN DE ESPALDA
TRÍCEPS	SENTADILLA EN PISO
BÍCEPS	CURL DE BÍCEPS
CUÁDRICEPS	PLIÉ CON PESAS
TENDÓN DE LA CORVA	PATADA TRASERA EN EL PISO
PANTORRILLAS	LEVANTAMIENTO DE PANTORRILLA CON PLIÉ
ABDOMEN	RUEDA

CAPÍTULO 22

Estiramiento

El estiramiento es la práctica de ejercicios suaves y mantenidos que prepara los músculos para un mayor esfuerzo, y para aumentar el rango de movimiento en las articulaciones. Practicarlos antes del ejercicio intenso (entrenamiento con pesas) evita calambres, y practicarlos después previene el endurecimiento muscular.

Los ejercicios de estiramiento son el complemento perfecto para iniciar y/o terminar la rutina de ejercicios tonificantes en los que trabajemos cada músculo de nuestro cuerpo. Estos ejercicios permitirán que se estiren los músculos, previniendo lesiones y mejorando la flexibilidad, además reducen los dolores musculares después de la actividad física.

-Estiramiento del tendón de la corva-

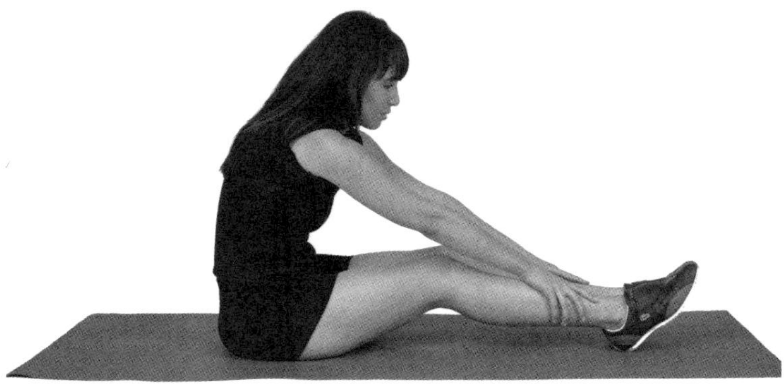

Siéntate en el piso, de preferencia en la colchoneta o alfombra, extiende las piernas frente a tí y lentamente inclínate hacia enfrente, estirando los brazos tratando de tocar los pies, "siente el estiramiento". Mantén esta posición por 20 segundos.

-Estiramiento abdominal-

Recuéstate sobre tu abdomen, con las palmas de las manos hacia los lados, mantén tu pelvis y tus piernas en el piso y lentamente empuja tu cuerpo medio hacia arriba, hasta que tus brazos estén completamente estirados. Sostén esta posición por 15 segundos.

-Estiramiento de cuádriceps-

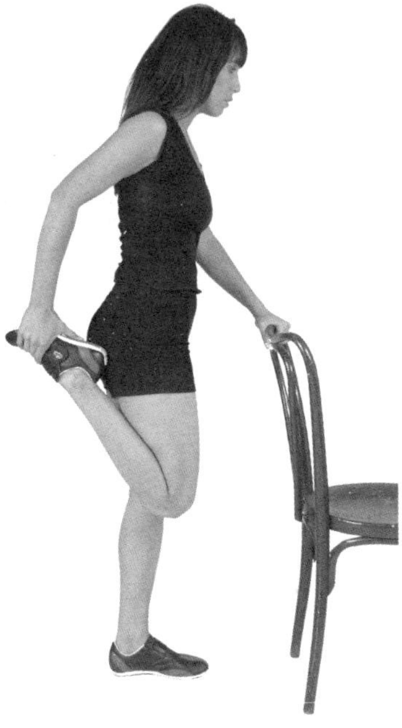

De pie, con las piernas abiertas a lo ancho de la cadera, sostente de una silla para equilibrarte mientras sujetas uno de tus tobillos, y jala de él suavemente atrayéndolo hacia los glúteos. Sentirás el estiramiento en toda la parte anterior del muslo. Mantén esta posición por 10 segundos y repite con la otra pierna.

-Estiramiento de pecho-

De pie, con las piernas abiertas a lo ancho de la cadera, mantener la columna neutral y las piernas ligeramente flexionadas, toma tus manos y entrelaza los dedos por detrás de tu espalda y súbelas hasta que sientas el estiramiento a través del pecho y a lo largo de los brazos. Mantén tu espalda recta y conserva esta posición por 10 segundos.

-Estiramiento de bíceps-

De pie, con las piernas abiertas a lo ancho de la cadera, extiende tu brazo izquierdo con tu palma hacia arriba, coloca tu mano derecha debajo de tu codo y estira el brazo suavemente, lo más confortablemente que se pueda. Mantén esta posición por 10 segundos y repítelo con el otro brazo.

-Estiramiento de tríceps-

De pie, con las piernas abiertas a lo ancho de la cadera y ligeramente flexionadas, levanta tu brazo izquierdo y coloca la mano sobre tu espalda, con la mano derecha toma el codo y estíralo suavemente hacia a tu lado derecho. Sostén esta posición por 10 segundos y repite el mismo procedimiento con el otro brazo

-Estiramiento de pantorrillas-

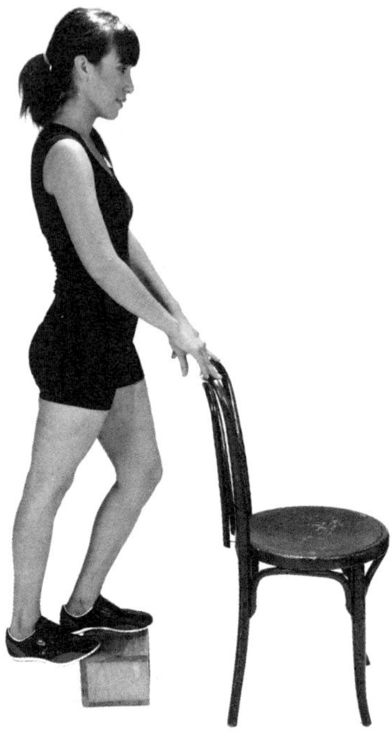

Párate en un banco pequeño y sostente de una silla para crear balance, desliza tu pie derecho suavemente hacia atrás, bajando el talón ligeramente. Siente como los músculos de la pantorrilla se estiran. Sostén esta posición por 10 segundos y repítelo con el otro pie.

-Estiramiento de glúteos-

Siéntate sobre tus talones (manteniéndolos juntos), y baja el torso hasta poner la frente en el suelo y los brazos a cada lado del cuerpo, estirándolos suavemente hacia enfrente, trata de llevar las manos al frente lo más lejos que te sea posible. Conserva esta posición por 10 segundos.

Rutina de cardio y pesas (ejemplo)	
Lunes	Ejercicio cardiovascular (30-60 min.)
Martes	Entrenamiento con pesas (20-45 min.)
Miércoles	Ejercicio cardiovascular (30-60 min.)
Jueves	Entrenamiento con pesas (20-45 min.)
Viernes	Ejercicio cardiovascular (30-60 min.)
Sábado	Entrenamiento con pesas (20-45 min.)
Domingo	Día libre

CAPÍTULO 23

Tips

1. Cambia tu rutina de ejercicios (aeróbico y anaeróbico) cada dos semanas, te evitará caer en la monotonía y estarás más motivada al realizar un ejercicio diferente. En la guía de ejercicios encontraras 3 rutinas de ejercicios con pesas, y en el ejercicio cardiovascular puedes variar haciendo bicicleta o practicando natación.

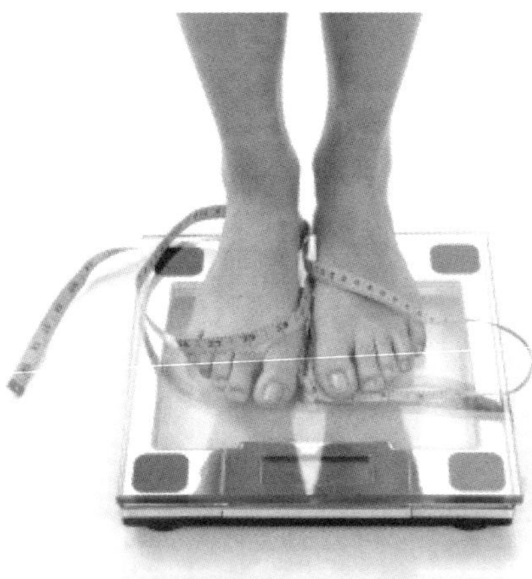

2. Lleva el control de tu meta, pésate cada dos semanas, por la mañana antes de desayunar, y mídete el busto, cintura, cadera, muslo y antebrazo. Escribe los resultados en tus notas, llevar el control te motivará poderosamente.

3. Después de un entrenamiento con pesas, las fibras musculares se encuentran en estado de recuperación y es de vital importancia consumir el alimento ideal que incluya proteínas y por supuesto los carbohidratos tan esenciales para recargar los depósitos de glucógeno. Puedes optar por el "licuado quema grasa" (Pág. 84) o ensalada de atún acompañada de tostadas horneadas, ¡tú decides!

4. Disfruta los ejercicios, pueden resultar algo dolorosos y exhaustivos; pero existe un dicho muy popular entre los que practican el fisicoculturismo en Estados Unidos que dice: *"no pain, no gain"* que se traduce como: "si no duele, no hay ganancia". Enfócate en la meta, todos estos esfuerzos se verán recompensados.

5. Levanta las mancuernas lentamente, cuenta 3 tiempos para levantarlas y otros 3 para bajarlas, si te apresuras demasiado al hacer las repeticiones no lograrás los resultados que quieres.

6. Toma café antes de empezar la rutina con pesas; la cafeína tiene la maravillosa ventaja de suprimir el dolor, haciéndola más llevadera y previniendo el dolor muscular.

7. Si no tienes el presupuesto para adquirir los *set* de mancuernas, te recomiendo que llenes botellas de medio litro y un litro con arroz o lentejas, para crear peso. "No tienes excusas"

8. Durante el entrenamiento, escucha música rítmica que te motive.

9. No hagas ejercicio con el estómago lleno, espera mínimo dos horas para iniciar tu sesión de ejercicio.

10. Siempre hay que calentar los músculos antes de ejercitarte, realiza una marcha en el mismo lugar, brinca la cuerda, sube y baja escaleras. La elección es tuya.

11. No hagas ejercicio si estás lesionada o te sientes mal.

12. Cuando realices ejercicios con pesas en los que tienes que cuidar la posición, usa un espejo, te ayudará a realizar el ejercicio de forma correcta.

13. Realizar ejercicio con pesas por primera vez puede resultar agotante, les tomará tiempo a tus músculos acostumbrarse, mientras tanto, puedes tomar duchas relajantes y si tienes dolor toma algún analgésico.

14. Párate derecha al realizar los ejercicios, esto hará que los ejercicios sean más efectivos.

15. Usa ropa que te favorezca, eso te motivará.

16. Invita a una amiga a realizar la rutina con pesas, será divertido y las dos se motivarán.

Fecha:
peso:
Centímetros-cintura:
Centímetros-cadera:
Centímetros-busto:
Centímetros-antebrazo:
Centímetros-muslo:

Sugerencia: fotocopia esta página y llénala cada dos semanas.

CAPÍTULO 24

"Motívate"

La motivación es un arma poderosa que debemos usar en nuestra batalla en contra de la grasa, necesitas motivación para levantarte por las mañanas e iniciar el ejercicio cardiovascular como caminar por una hora, necesitas motivación cuando te ofrecen una rebanada de tu pastel favorito, y tu respuesta debe ser: *"no, gracias"*. "Debes mantener encendido el botón de motivación en tu vida", si lo apagas será muy difícil que cumplas tus propósitos. Perder peso es realmente un reto, cambiar hábitos que disfrutabas tanto, como comer pizza viendo tu programa favorito o visitar a tu amiga y disfrutar la cena riquísima que consiste en un *bistec* término medio, acompañado de un "esponjoso" puré de papa por ejemplo, y ahora das un cambio drástico comiendo pechuga de pollo a la plancha en vez de pizza, cambias la soda por agua, las palomitas con mantequilla por pepinos con limón y chile; no es fácil, se requiere voluntad de hierro, disciplina y aprender a decir **"no".**

Cada caminata, cada entrenamiento con pesas, harán la diferencia; tal vez no veamos los cambios inmediatamente, pero conforme pasen las semanas te sentirás más revitalizada, con más energía, con mejor actitud y, por supuesto, tu cuerpo reflejará el cambio, más firme y más delgada.

Un **ARMA** poderosa en contra de la **GRASA** es la **MOTIVACIÓN**

No hay pérdida de peso exitosa sin éste ingrediente principal. "La motivación es el motor que mueve el deseo de lograr nuestro objetivo".

"Motívate", pega fotografías de tu peso ideal y notas adhesivas (*post-it*) en lugares visibles como en el refrigerador o en tu escritorio, que digan mensajes que te motiven como: "hoy te vez excelente" "esos *jeans* cada vez se te ven mejor"… lo que tú quieras, estas acciones te motivarán para llegar a la meta; para ningún deportista es fácil llegar a ser un ganador, pues requiere de entrega, disciplina, dedicación; todo en conjunto lo llevaran a competir y posicionarlo como un posible gran campeón, de su desempeño dependerá su triunfo. Igual en nuestra batalla contra la grasa, no será fácil, va haber obstáculos que conquistar, hasta que lleguemos a la meta, como las guerreras victoriosas que somos. Cuando logres conquistar tu victoria, sentirás una sensación de que puedes hacer todo lo que te propongas, "no existe lo imposible". Te invito a que inicies este reto que traerá grandes satisfacciones a tu vida: *"pierde grasa para ganar salud y mejor apariencia"*.

Seamos realistas, no va a ser fácil seguir la dieta y tener la disciplina de ejercitarte todos los días (excepto el domingo), especialmente si eres mamá y trabajas, pero la recompensa que vas a recibir a cambio es maravillosa, te sentirás mejor contigo misma; todos a tu alrededor notarán el cambio, y eso te motivará a seguir adelante. Eres una creación maravillosa del Señor (Salmo 139:14) siéntete preciosa, porque lo eres; deseas una mejor calidad de vida y estás dando el primer paso al decidir perder esos kilos de más, por salud y estética.

Puedes contar con todo el "armamento" que necesitas para iniciar tu batalla en contra de la grasa, pero si no cuentas con la motivación necesaria, será muy difícil que lo logres, necesitas motivarte día con día. Piensa en los fantásticos beneficios que traerá este gran cambio a tu vida: te sentirás mejor, estarás más sana, lucirás súper guapísima, pero para poder lograrlo necesitas: motivación, acción y una buena dosis de paciencia, pues a todas nos gustan los resultados rápidos, es por esto que la industria de productos para adelgazar es tan exitosa, buscamos una solución instantánea, pero la cruda realidad es que no existe; el bajar de peso es todo un proceso que requiere tiempo. ¡Sin prisas! baja de peso según tu ritmo; los tratamientos, dietas, pastillas o cualquier cosa que te prometa que vas a perder 5 kilos o más en dos semanas es realmente un fraude, una mentira que te hará sentir frustrada y cansada de luchar contra lo imposible.

Recuerda que la fórmula perfecta para perder peso es:

Fuerza de voluntad + Disciplina + Motivación = Bajar de peso de forma exitosa.

Fuerza de voluntad: es el nombre que recibe la capacidad que tiene el ser humano de dirigir su voluntad hacia un objetivo, aunque para ello tuviera que privarse de algún hábito o necesidad.

Disciplina: es la capacidad de enfocar nuestros propios esfuerzos en conseguir un fin, es el acto de determinar hacer algo con empeño y dedicación, no es solamente hacerlo por un día, sino todos los días, con constancia; éste es un ingrediente muy importante, no lo olvides… "disciplina".

Motivación: son los estímulos que mueven a la persona a realizar determinadas acciones y persistir en ellas para su culminación. Este término está relacionado con el de voluntad y el del interés.

"LA GUERRA CONTRA LA GRASA es una batalla de todos los días, que poco a poco nos acerca a la **VICTORIA".**

Nuestras palabras influyen de gran manera en nuestra vida diaria, lo que hablamos tiene un poder tremendo que mueve circunstancias para lo negativo o positivo; nuestra forma de expresarnos es el reflejo de lo que creemos y esto define nuestra vida para bien o para mal. Actuamos conforme a lo que creemos, esa es la base de nuestras vidas que nos llevarán hacia donde deseamos estar, o lo opuesto. Cree en el éxito, tendrás éxito; cree en derrota, estarás derrotada. Así de sencillo, pero en el programa **"CÓMO GANAR LA GUERRA CONTRA LA GRASA"** creemos en el éxito, en llegar a la meta, la cual es un cuerpo hermoso y saludable que cambia día con día a través de las disciplinas de dieta y ejercicio.

Te invito a que inicies una nueva forma de vida, a que creas más en tí, cree en la victoria, enfócate en la meta y lo lograrás, no estás sola, cientos de mujeres batallan con lo mismo hoy en día, pero tú tienes el poder de crear un verdadero cambio, un cambio que transformará tu cuerpo y revolucionará tu vida. Si adoptas la actitud de una mujer decidida, esta nueva forma de vida te irá transformando en una "guerrera victoriosa", que sabe muy bien lo que quiere, y cree que puede lograr todo lo que se proponga". Te animo a que empieces el programa con actitud entusiasta.

Anímate y ponte en marcha. ¡Si se puede guerrera victoriosa!

Que Dios te bendiga, tu amiga Lily López

ANEXO

-Preguntas frecuentes-

Logre llegar a mi peso ideal, ¿ahora qué debo de hacer para mantenerlo?

El programa **"CÓMO GANAR LA GUERRA CONTRA LA GRASA"** más que un libro sobre nutrición y ejercicio, es un estilo de vida para la mujer contemporánea que quiere estar en forma y desea mantener un estado de salud excelente. Cuando logres la meta de llegar a tu peso ideal, podrás aumentar la ingesta de calorías y realizar ejercicios de mantenimiento. Ejemplo: 30 minutos de ejercicio aeróbico 3 veces por semana + entrenamiento con pesas por 45 minutos, 2 o 3 veces por semana.

¿En dónde puedo adquirir los set de pesas?

Las pesas las puedes encontrar en tiendas departamentales en el área de deportes (Wal-Mart) o tiendas especializadas en equipo para gimnasios.

¿En dónde puedo encontrar L-Carnitina?

En tiendas GNC, Farmacias Similares o tiendas naturistas.

¿En dónde puedo comprar los tés y el ginseng?

Los tés y el ginseng los puedes encontrar en tiendas naturistas, tiendas de autoservicio, o farmacias.

¿En dónde puedo encontrar la proteína en polvo o el suero de leche (whey protein)?

Estos productos los puedes encontrar en tiendas GNC.

Llevo una vida muy agitada y estresante, no tengo tiempo para hacer ejercicio. ¿Qué hago?

El que no tengas tiempo es solamente una excusa, el día tiene 24 horas de las cuales 8 horas duermes, tienes 16 horas en las que fácilmente puedes dedicar una hora de ejercicio al día. Por otra parte será sumamente benéfico para tu salud el controlar el estrés a través del ejercicio.

Soy de complexión delgada y me gustaría iniciar una rutina de ejercicios de mantenimiento, mi objetivo no es perder peso sino tonificar las áreas flácidas, ¿qué debo hacer?

Realiza ejercicios con pesas de acuerdo a tu nivel y practica ejercicio cardiovascular 3 días por semana por 30 minutos. Trata de reemplazar los carbohidratos simples por los complejos e incluye más proteína en tu dieta, manteniendo tu ingesta de calorías a nivel normal.

Me interesa saber más sobre el índice glicémico de los alimentos, ¿en dónde puedo encontrar información?

En Internet puedes encontrar bastante información al respecto o también puedes buscar libros de nutrición que abarquen el tema de forma más profunda.

-GLOSARIO-

Antioxidantes: pequeños componentes que ayudan al control de los radicales libres y sus efectos negativos, también contribuyen a minimizar la oxidación de los tejidos, previniendo o desacelerando el deterioro celular.

Adenosín trifosfato (ATP): es un componente que se encuentra en las fibras musculares, cuando se desintegra produce energía que permite a los músculos y otros órganos su función.

Catequinas: son un grupo de antioxidantes de la familia de los polifenoles, los cuatro principales son el galato de epigalocatequina (EGCG) la epigalocatequina (EGC) epicatequina galato (ECG) y epicatequina (EC) y éstos se encuentran de forma predominante en la planta *Camellia Sinensis*.

Camellia Sinensis: es un arbusto o árbol pequeño procedente del sur y sudeste de Asia aunque hoy se cultiva en todo el mundo, tanto en regiones tropicales como subtropicales, sus hojas y brotes se usan para elaborar té (verde, rojo, negro y blanco).

Cafeína: es un estimulante del sistema nervioso que puede quitar la somnolencia y restaurar el nivel de alerta. La cafeína se encuentra principalmente en los frutos de la planta de café, en las hojas de té, en la yerba maté y en las bayas de guaraná; en cantidades más pequeñas se puede encontrar en el cacao y la nuez de cola.

Catalizadores: es una sustancia (compuesto o elemento) capaz de acelerar (catalizador positivo) o retardar (catalizador negativo o inhibidor) una reacción química permaneciendo éste mismo inalterado pues no se consume durante la reacción, a este proceso se le llama catálisis.

Célula: unidad microscópica esencial de los seres vivos.

Colesterol: es un tipo de grasa producida en el hígado y es un vital componente en la producción de muchas hormonas en el cuerpo. Existen dos tipos de colesterol conocidos como LDL (lipoproteína de alta densidad) colesterol "bueno" y HDL (lipoproteína de baja densidad) colesterol "malo".

Comida chatarra: es el tipo de comida procesada que carece de nutrientes y es dañina para nuestra salud cuando es consumida en exceso.

Día libre: es el día en el cual no te ejercitas y comes una cantidad ilimitada de los alimentos que tú prefieras.

Dieta: este término es considerado como el grupo de productos alimenticios (líquidos y sólidos) que habitualmente consume una persona.

Diabetes: existen 2 tipos principales de diabetes. En la diabetes tipo 1 el páncreas no produce suficiente insulina y la persona que la padece tiene que estar medicándose con insulina cuando lo requiera; las personas con diabetes tipo 2 tienen lo que se llama resistencia insulínica, y llega el momento en que el organismo se ve imposibilitado de producir suficiente insulina y es necesario iniciar un tratamiento que les ayude al control.

Escala de Borg: es un método que se usa para medir el esfuerzo que se percibe durante una rutina de ejercicios, mediante una enumeración del 1 al 20 (la original), de ésta forma se puede encontrar el nivel adecuado de entrenamiento. Este método fue diseñado por el médico sueco Dr. Gunnar Borg.

Enzimas: moléculas formadas principalmente por proteínas que producen las células vivas, y que actúan como catalizadores y reguladores en los procesos químicos del organismo; las enzimas inician o aceleran las reacciones químicas del cuerpo sin ser consumidas.

Endorfinas: actúan como neurotransmisores producidos por el organismo en respuesta a varias situaciones, entre las cuales se encuentra el dolor. En este sentido, puede considerarse que son analgésicos endógenos, puesto que actúan inhibiendo la transmisión del dolor. Las endorfinas se pueden estimular mediante la práctica de cualquier ejercicio físico, reír diariamente, tomar café (a las pocas horas de tomar café, el nivel de endorfinas sube), entre otros.

Fibras musculares: células largas del músculo.

Fosfato de creatina: es un nutriente producido en el cuerpo y almacenado en las fibras musculares, es desintegrado por enzimas para inmediatamente abastecer el almacenamiento del adenosín trifosfato.

Flavonoides: son un grupo de compuestos que se encuentran en las plantas y son los causantes de los pigmentos en las hojas y flores, poseen propiedades antioxidantes y disminuyen la concentración del colesterol y los triglicéridos. Se encuentran en todas las verduras, pero las concentraciones más importantes las podemos encontrar en el brócoli, la soya, el vino, el té verde y negro.

Glándula tiroides: la tiroides es una glándula neuroendocrina, situada justo debajo de la manzana de Adán junto al cartílago tiroides y sobre la tráquea. La tiroides participa en la producción de hormonas, especialmente tiroxina (T_4) y triyodotironina (T_3). Estas hormonas regulan el metabolismo basal y afectan el crecimiento y grado de funcionalidad de otros sistemas del organismo. El yodo es un componente esencial tanto para T_3 como para T_4.

Glucosa: la glucosa es un azúcar que es utilizado por las células de cada parte de los tejidos del cuerpo como fuente principal de energía.

Hipertensión arterial: es una condición médica caracterizada por un incremento continuo de las cifras de presión arterial por encima de 140/90 mmHg.

Hormonas: son un grupo de sustancias esenciales producidas en las glándulas endocrinas que regulan ciertas funciones específicas del cuerpo.

HDL (lipoproteína de alta densidad): es el llamado colesterol "bueno", pues al viajar por medio de lipoproteínas de alta densidad, se lleva las acumulaciones de grasa de los vasos sanguíneos hacia el hígado.

Insulina: es una hormona producida en el páncreas, ayuda al cuerpo a usar y almacenar glucosa (azúcar), la cual se produce durante la digestión de los alimentos. La insulina se segrega (se libera) hacia la sangre, y permite al cuerpo usar la glucosa como energía para sus funciones diarias.

LDL (lipoproteína de baja densidad): es el llamado colesterol "malo", éste deja depósitos de grasa en las paredes arteriales aumentado las probabilidades de padecer enfermedades cardiovasculares.

Nutrientes: componentes de los alimentos que ayudan nutrir el cuerpo, ya que proveen de energía y sirven de "materiales de construcción". Estos nutrientes son los carbohidratos, grasas, proteínas, vitaminas, minerales y el agua.

Obesidad mórbida: es el caso severo de obesidad que supera el 40 del índice de masa corporal (IMC) y pone en peligro la vida del paciente a causa de los riesgos que esto conlleva.

Prostaglandinas: son un conjunto de sustancias que son sintetizadas (fabricadas) a partir de los ácidos grasos esenciales (omega-3 y omega-9) e influyen en la secreción de hormonas y enzimas, al igual que regulan la inflamación y vaso dilatación de los tejidos, regulan la presión sanguínea y la temperatura corporal.

Polifenoles: son un grupo de sustancias químicas con capacidad antioxidante y benéfica para la salud (podrían reducir el riesgo de contraer enfermedades cardiovasculares y cáncer). Las principales fuentes de polifenoles provienen de las bayas, té, uvas/vino, aceite de oliva, cocoa/chocolate, nueces, cacahuates granadas, yerba mate, frutas y vegetales; los más elevados niveles de polifenoles se encuentran en la cáscara de frutas.

Quínoa (*Chenopodium quínoa*): es una planta alimenticia milenaria, considerada como pseudocereal, pues no pertenece a la familia de las gramíneas, aunque debido a su alto contenido de almidón la convierte en un excelente cereal que nos provee de los 8 aminoácidos esenciales que el cuerpo no puede fabricar, así como hierro, calcio, fósforo, vitaminas y ácido linoleico.

Repeticiones: el número de veces que levantas y bajas una pesa o realizas un ejercicio de resistencia con tu propio peso.

Radicales libres: son moléculas altamente reactivas e inestables, se pueden formar en la atmósfera debido a las radiaciones y en los seres humanos; actúan alterando las membranas celulares y atacando el material genético de las células como el ADN. Las situaciones que aumentan la producción de radicales libres son: la contaminación ambiental, el tabaquismo, dietas ricas en grasa, el estrés entre otros.

Suplementos: este término es usado para describir productos que contengan nutrientes, los suplementos son usados para complementar una dieta que pueda carecer de ciertos nutrientes, como: vitaminas del complejo B en cápsulas, calcio en tabletas o proteína en polvo.

Series: es un grupo de repeticiones (bajando y levantando el peso).

Sedentarismo: es el estilo de vida en el cual no se practica ningún deporte. La palabra sedentarismo deriva de "sedente" que significa estar sentado.

Serotonina: es una hormona encargada de controlar el apetito, el humor y el sueño; es sintetizada (fabricada) en el sistema nervioso central y en el tracto gastrointestinal.

Tejido adiposo: es un tipo de tejido conformado por la asociación de células que acumulan grasa en su citoplasma (adipositos). Existen dos tipos de tejido adiposo: el tejido adiposo blanco y el tejido adiposo marrón. El tejido blanco cumple funciones de rellenado, especialmente en las áreas subcutáneas y es también almacén de reservas calóricas, y el tejido marrón tiene como función producir calor, entre otras.

Triglicéridos: es una sustancia grasa que se encuentra presente en la sangre; normalmente se almacena como fuente de energía en el tejido adiposo. Los niveles elevados de triglicéridos pueden espesar la sangre y favorecer la formación de coágulos y suelen acompañar a los niveles elevados de colesterol y otros factores de riesgo cardiovascular, tales como la obesidad.

Teína: alcaloide del té, químicamente semejante a la cafeína; la teína tiene propiedades estimulantes.

IMC (índice de masa corporal)

El índice de masa corporal es un método simple y ampliamente usado para calcular la proporción de grasa corporal. El IMC fue desarrollado por el estadístico belga Adolphe Quetelet, también se conoce como índice de Quetelet y éste es calculado dividiendo tu peso (en kilogramos) entre el cuadrado de tu altura (en metros), por tanto, es expresado en kg / m^2. La Organización Mundial de la Salud (OMS) ha definido el índice de masa corporal como el estándar para la evaluación de los riesgos asociados con el exceso de peso en adultos.

Calcula tu IMC

Peso en kilogramos

....

Altura en metros, al cuadrado

(Peso en kilogramos dividido entre la altura al cuadrado)

Ejemplo: Juliana mide 1.67 m de estatura y pesa 70 kg.

70 ÷ 1.67 = 41.91 ÷ 1.67 = **25 IMC**

- **IMC de 18.5 o menor** es por debajo del peso normal.
- **IMC de 18.5 – 24.9** es peso normal.
- **IMC de 25.0 – 29.9** es sobrepeso.
- **IMC de 30.0 – 39.9** es obesidad.
- **IMC de 40.0 o mayor** es obesidad severa (o mórbida).

SOBRE LA AUTORA

Lily López es originaria de Guasave, Sinaloa; está felizmente casada con Gregory Simmonds, y juntos tienen una hermosa familia conformada por Juliana, Liliana júnior y Salomón.

Lily es una mujer sumamente sensible, y esto es reflejado en su preocupación por sus compatriotas que sufren de sobrepeso u obesidad de la cual ella también fue víctima, pero gracias a su determinación por encontrar una respuesta al problema, la llevó a crear un programa sencillo y fácil de entender que funcionó para ella, y ahora está disponible para ti. Es así como nació este emocionante proyecto ***"CÓMO GANAR LA GUERRA CONTRA LA GRASA",*** *un libro que creará impacto en miles de mujeres en nuestro país y Estados Unidos, haciendo conciencia sobre el delicado tema, e inspirándolas a perder peso para ganar salud, autoestima y una mejor calidad de vida. La autora y su familia radican en el hermoso Puerto de Ensenada, B.C.*